Christoph Levin
Reinhard Müller

Die Psalmen in ihrer Urgestalt

Die PSALMEN in ihrer Urgestalt

Rekonstruiert und erklärt von
Christoph Levin und Reinhard Müller

C.H.BECK

Mit sieben Abbildungen

www.chbeck.de
Umschlaggestaltung: Kunst oder Reklame, München
Umschlagabbildung und Vorsätze: Gefangene und Abgaben werden vor den thronenden König gebracht, der aus einer Schale trinkt. Elfenbeintafel aus Megiddo (Ausschnitt), 13. Jahrhundert v. Chr.
© akg-images/Erich Lessing
Satz: Fotosatz Amann, Memmingen
Druck und Bindung: CPI – Ebner & Spiegel, Ulm
Gedruckt auf säurefreiem und alterungsbeständigem Papier
Printed in Germany
ISBN 978 3 406 81359 7

myclimate
verantwortungsbewusst produziert
www.chbeck.de/nachhaltig

INHALT

EINFÜHRUNG

Auf der Suche nach der Religion des Alten Israel und Juda

Die Entstehung des Judentums im Rahmen und auf der Grundlage des alten Vorderen Orients hat die Kulturgeschichte des Westens so stark bestimmt wie weniges andere. Ohne diese Transformation einer altorientalischen Religion wäre die heutige Welt nicht, was sie ist. Der Wandel lässt sich an vielen Zeugnissen ablesen, aber besonders gut an den biblischen Psalmen, die aus Liedern und Gebeten entstanden sind, wie es sie auch im übrigen Alten Orient gab. In diesem Buch rekonstruieren wir die Urgestalt von etwa vierzig Psalmen und zeichnen nach, wie sich auf dieser Grundlage die heutige Gestalt dieser Gebete entwickelt hat.

Das Judentum und in seiner Folge das Christentum sind, religionsgeschichtlich betrachtet, «moderne» Religionen, die sich von ihrem altorientalischen und später hellenistischen Umfeld unterscheiden. Die Religion einschließlich des religiös begründeten Rechts ist nicht mehr ohne weiteres das Mittel und der Ausdruck politischer Herrschaft. Sie tritt der staatlichen Macht als Maßstab und Korrektiv gegenüber, behält aber den Anspruch bei, die gesellschaftliche Ordnung mitzugestalten. Dadurch entsteht im Ansatz so etwas wie Gewaltenteilung. Die Verehrung konzentriert sich auf einen einzigen Gott, der alle weiteren Formen der Religiosität absorbiert. Das lässt die Religion universal und mehr als je zuvor zur Sache persönlicher Entscheidung werden. In der Konsequenz löst sie sich aus der Bindung an bestimmte Ethnien und Gesellschaftsformen. So konnten Judentum und Christentum anders als die übrigen Religionen der Antike durch die Jahrtausende ihre prägende Kraft bewahren.

Judentum und Christentum verstehen sich als Offenbarungsreligionen. Sie behaupten, dass seit Abrahams Zeiten, spätestens aber seit Mose und dann wieder seit Jesus von Nazareth etwas ins Diesseits eingetreten sei, das voraussetzungslos ist. Mit Beginn der Neuzeit, zumal mit der europäischen Aufklärung, wuchsen die Zweifel an diesem traditionellen Bild. Die historische Bibelwissenschaft, die daraus hervorging, konnte an vielen Beispielen zeigen, dass die Literaturgeschichte anders verlaufen ist als die Darstellung, die die Bibel von ihrer Entstehung gibt oder zu geben scheint. Dies bestätigte sich vollends, als im Verlauf des neunzehnten und in der ersten Hälfte des zwanzigsten Jahrhunderts die Zeugnisse der Nachbarkulturen in Ägypten, Syrien, Mesopotamien und Kleinasien nach und nach ans Licht kamen. Die zahlreichen Inschriften und bildlichen Darstellungen, die in den letzten Jahrzehnten auf dem Boden des Heiligen Landes gefunden oder neu gedeutet wurden, zeigen unabweisbar, dass die Religion, die in der ersten Hälfte des ersten Jahrtausends v. Chr. in den Königtümern Israel und Juda praktiziert wurde, sich deutlich von dem Bild unterschied, das die Bibel von dieser Zeit vermittelt.

Das Königtum als Träger der Überlieferung

Dass sich die religionsgeschichtlichen Verläufe nachvollziehen lassen, verdanken wir vor allem den erhaltenen Texten. Damit geht eine wesentliche Einschränkung einher. In der ersten Hälfte des ersten Jahrtausends v. Chr. gab es Schreiber in der südlichen Levante fast ausschließlich an den Höfen der Könige. Sie erhielten vom König ihren Unterhalt. Sie teilten die Weltsicht des Hofes. Die von ihnen niedergeschriebenen Texte blieben auf bestimmte Anlässe beschränkt. Die Texte dienten dem Handel, der königlichen Verwaltung und der Diplomatie, vor allem aber der Stabilisierung der königlichen Macht. Sie bestanden aus Inschriften und Berichten über die Taten der Könige, aus Annalen, Helden-Erzählungen, Sammlungen von Rechtssprüchen und

Weisheitslehren, aus der Dokumentation von Prophetensprüchen sowie aus Mythen, Hymnen und Gebeten für die rituellen Vollzüge im Kult. Man kann von diesen Quellen kein vollständiges Bild von der damaligen religiösen Lage erwarten.

Das eisenzeitliche Königtum der Levante wurde von einer Ritterschaft getragen, ähnlich wie man sie von Ostasien bis ins europäische Mittelalter in vielen Teilen der Alten Welt als frühe Form staatlicher Macht antreffen kann. Seit der späten Bronzezeit gibt es Nachrichten über Freischärler, die den Stadtkönigen ihre Macht streitig machten und sich das Land Schritt für Schritt unterwarfen. Die Anführer dieser Banden übernahmen befestigte Städte wie Sichem auf dem israelitischen und Jerusalem auf dem judäischen Bergland als ihre Residenzen. Sie erbauten auch neue Burgen wie Samaria und Jesreel, von denen aus sie das Land kontrollierten. Es entstand ein höfisches Leben mit militärischem Apparat und königlichem Kult samt den zugehörigen Mythen. Die Bautätigkeit war zu bestimmten Zeiten bemerkenswert. Eine Verwaltung trieb von der Landbevölkerung die Abgaben ein, die für all das gebraucht wurden.

Die Anführer waren bestrebt, ihrer Herrschaft Dauer zu verschaffen, indem sie sie an den Sohn weitergaben. Dynastien entstanden, deren Kontinuität als Voraussetzung legitimer Herrschaft galt. Besonders ausgeprägt war das in Juda, dessen Königtum sich in vorgeblich ununterbrochener Generationenfolge auf König David im zehnten Jahrhundert zurückführte. Doch bestand immer die Gefahr, dass Rivalen auftraten und rebellierten. Die Bibel berichtet sowohl für Israel als auch für Juda über eine Vielzahl von Umstürzen und Umsturzversuchen.

Die religiösen Vorstellungen, in denen die Könige von Israel und Juda ihr Selbstverständnis zum Ausdruck brachten, gleichen phönizischen Mustern und finden sich ähnlich in den mythologischen Texten aus Ugarit, einer Hafenstadt an der syrischen Küste des Mittelmeers, die im vierzehnten und dreizehnten Jahrhundert v. Chr. geblüht hat. Auf dem Weg über Phönizien gab es auch einen gewissen Einfluss der ägyptischen Kultur. Seit dem neunten Jahrhundert trat der Gott Jahwe in Israel und wenig später auch in Juda, das zu dieser Zeit Vasall der Könige von Israel war, in den Mittelpunkt des königlichen Kults und schob die übrigen Götter in den Hintergrund. Er ist die israelitische Ausprägung des nordwestsemitischen Wettergottes, der in der Regenfeldkultur der Levante seit alters für die Lebensverhältnisse entscheidend war.

Die Religion als Spiegel von Natur und Politik

Für die Stabilisierung der Macht kam dem Kult große Bedeutung zu. Das galt umso mehr, als man auch die natürliche Welt wie die politische als gefährdet erlebte. Das Klima ist bestimmt von dem harten Wechsel zwischen der Regenzeit im Winter und der Trockenheit während des Sommers. Man deutete die Naturvorgänge, von denen das Leben abhing, am Beispiel der politischen Erfahrungen als Kampf der Götter um die Macht über die Lebenswelt. Der Wechsel der Jahreszeiten galt als Herrschaftswechsel unter den Göttern. Der regenbringende Wettergott verkörperte das lebenserhaltende Prinzip, war aber nur periodisch an der Macht. Im Sommer, wenn das Land über Monate trockenfällt, war er abwesend. Mit dem Beginn der Regenzeit im Herbst, der als Jahresbeginn begangen wurde, kehrte er zurück und errang seine Herrschaft im Kampf gegen den Meeresgott Jammu, das personifizierte Chaos.

In den schweren Gewitterstürmen, die über dem Mittelmeer heraufziehen, sah man den Wettergott erscheinen (Psalm 18,5–20, Seite 44). Der Himmel wird schwarz. In den Wolken schwebt der Gott wie ein Falke im Sturm. Das Geschehen wurde als kultisches Drama erlebt. Psalm 97 schildert, wie der Gott seine Blitzpfeile aus den Wolken hervorschießen lässt (Seite 174). Psalm 29 lässt den Donner des über dem Meer tobenden Gewitters ertönen und das siebenfache Echo, das er an den Bergen der Küste hervorruft (Seite 95). Mit der Zerstörungsmacht, die die Zedern des Libanon durch die Luft wirbelt, naht die Segensmacht, die die Erde befruchtet. Im Regen ergießt der

Gott seine Lebenskraft in den Boden. Die Steppe beginnt zu kreißen, sie ergrünt.

Das Naturphänomen wurde als politisches und militärisches Ereignis wahrgenommen. Psalm 93 schildert den Kampf (Seite 170). Das Grollen des Donners erweist sich als mächtiger als das Kampfgebrüll der Brandung. Der Wettergott besiegt das Meer «für alle Zeit». Die Periodik der Jahreszeiten soll zur dauerhaften, machtgestützten Sicherung des Daseins führen. Dieser endgültige Sieg aber wurde nur beschworen. Er musste immer wieder neu errungen werden.

Der Sieg ist gleichbedeutend mit der Festigung und Bewahrung der Welt. Denn nicht nur an den Küsten rennt das wütende Chaos gegen die Lebenswelt an. Es lebt auch in den unergründlichen Tiefen, über denen die Erde zwischen den Horizontbergen ausgespannt ist wie eine schwankende Zelthaut. Wenn die Erde bebte, was in Palästina häufig geschah, brandeten die Wogen des Urmeers gegen die Berge, die als die tragenden Säulen der Welt in die Tiefe ragten, und ließen die Erde erzittern. Demgegenüber begründet die ordnende Herrschaft des Gottes Jahwe die bewohnbare Welt und gibt ihr das Fundament, sodass sie nicht im Chaos versinkt (Psalm 24,1–2, Seite 73).

Auf den Machtkampf folgte die Thronbesteigung, wenn der Gott als Sieger in seine angestammte Herrschaft zurückkehrte (Psalm 24,7–10, Seite 74). Sie wurde alljährlich im Kult begangen. Der Gott wurde erneut als König proklamiert: «Jahwe ist König geworden!» (Psalm 93 und 97, Seiten 170, 174) Die Götter müssen sich ihm unterwerfen (Psalm 29, Seite 95). Im Kult wurde das Zeremoniell unter den Göttern nachempfunden. Die Huldigung durch die Kultteilnehmer vereinigte sich mit der Huldigung durch die Götter und Ahnen. Dabei stand der irdische Tempel für den im Himmel gebauten Palast des Gottes.

Der Proklamation antworteten die Kultteilnehmer mit einer zeremoniellen Freudenäußerung, die durch das Blasen des Widderhorns (*šôfār*) oder durch Händeklatschen bekundet wurde. Die Freude erfasst die ganze bewohnbare Welt bis an ihre Ränder (Psalm 98, Seite 178). Der Kosmos zwischen Himmel und Erde hallt wider von der Anerkennung der Macht des Gottes. Auch die besiegten Rivalen stimmen mit ein: das Meer und die Ströme. Sie unterwerfen sich und sind künftig dem Wettergott dienstbar, der mit ihnen die Erde bewässert.

Die Thronbesteigung des Königs

Die Akklamation des himmlischen Königs diente dem irdischen König dazu, seine eigene Macht zu festigen. Als Vasall des Gottes begann oder erneuerte auch er am Neujahrsfest seine Herrschaft. Er beanspruchte, nicht in eigener Machtvollkommenheit zu handeln. Von seinem Gott beauftragt, wahrte er die Ordnung des Landes. Bei der Thronbesteigung wurde die Beauftragung zelebriert: Im Ritual legte Jahwe die göttliche Gerechtigkeit in die Hände des Königs (Psalm 72, Seite 160). Ebenso wie die Abfolge der Jahreszeiten nach dem Beispiel politischer Machtverhältnisse gedacht wurde, erwartete man von der politischen Stabilität auch das Gedeihen der natürlichen Lebensbedingungen.

Zum Ritual gehörte die Übergabe der Insignien. Der König erhielt seine Waffen und mit ihnen den Auftrag, die Feinde zu besiegen (Psalm 45, siehe Seite 123). Er verpflichtete sich auf seine Aufgabe und legte das Gelübde ab, die Weltordnung zu bewahren (Psalm 101, Seite 182). In Gebeten wurde die Gottheit beschworen, die Wünsche des Königs für ein gerechtes und dauerhaftes Regiment zu erfüllen (Psalm 20, Seite 56).

Zur Wahrung der Lebensordnung hatte der König sich seiner Gegner und Rivalen zu erwehren, die ihn vernichten und die gerechte Ordnung zerstören wollten. Wenn die Feinde sich zusammenrotten und ihn angreifen, sucht der König seinen Gott im Heiligtum auf und bittet um eine Audienz (Psalm 27B, Seite 87). Er klagt dem Gott seine gefährliche Lage (Psalm 59, Seite 141) und bittet um schnelle Hilfe und um Beistand im militärischen Kampf (Psalm 35, Seite 107). Im Ritual wird dem

König der Beistand seines Gottes zugesprochen. So gestärkt, bekundet er seine Siegesgewissheit, um auch seiner Truppe Mut zu machen (Psalm 27A, Seite 83; Psalm 118,6–13, Seite 196). Nach dem Sieg bekennt er, dass Jahwe ihm geholfen hat (Psalm 18,30–43, Seite 47), und stattet der Gottheit seinen Dank ab (Psalm 66,13–20, Seite 154).

Da bei den kriegerischen Auseinandersetzungen die gerechte Weltordnung in Frage steht, lassen sich die zugehörenden Psalmen nicht immer von jenen Gebeten unterscheiden, mit denen die kultische Gerichtsbarkeit angerufen wurde. Wer sich beschuldigt sah, konnte im Tempel Asyl finden, bis seine Unschuld erwiesen war (Psalm 31, Seite 104). In Psalm 26 erkennt man Ansätze eines Rituals, mit dem der Beter seine Unschuld bekundete (Seite 78). Ein persönlicher Anlass, sich im Gebet an die Gottheit zu wenden, kann eine lebensgefährliche Erkrankung sein wie in Psalm 6 (Seite 31). Besonders bedrohlich ist, wenn der König als der Garant der Lebensordnung erkrankt, sodass seine Rivalen ihre Chance wittern und die Dynastiefolge in Gefahr gerät (Psalm 41, Seite 116). Umso größer ist der Dank, wenn die Heilung gelingt (Psalm 30, Seite 99; Psalm 118,5.14–28, Seite 193).

Besonderheiten

Im Vergleich zu anderen altorientalischen Kulturen weisen die erhaltenen Gebete aus Israel und Juda einige Besonderheiten auf. Sie sind erheblich kürzer als die oft ausufernd langen sumerischen und babylonischen Hymnen und Gebete. Manche sind in ihrer Urgestalt nicht viel mehr als ein kurzer Hilferuf, wie er sich in Psalm 70 erhalten hat (siehe Seite 157). In der Kürze mag sich das Vertrauen in die Kraft weniger, genau gesetzter Worte zeigen. Oder womöglich war die Schriftform, die sich in der Überlieferung erhalten hat, eher eine Gedächtnisstütze, die als Grundlage tatsächlich vorgetragener Gebete gedient hat, eine Form oder Matrix, nach der die aktuellen Gebete sich richten konnten. Nicht wenige Psalmen zeigen bereits in ihrer Urgestalt die Tendenz zur Erweiterung.

Ein großer inhaltlicher Unterschied besteht darin, dass die babylonischen Klagegebete ein differenziertes Sündenbewusstsein spiegeln können. In ihrer Not äußern die Beter eine Fülle von Selbstzweifeln und möglichen Selbstanklagen. Solche Züge sind in der Urgestalt der Psalmen kaum je zu finden. Ein Grund dafür mag gewesen sein, dass die meisten erhaltenen Gebete keine persönliche Notlage spiegeln, sondern dem offiziellen Kult entstammen. Sie sollen die Stellung des Königs bekräftigen, nicht aber allgemeine Lebenskrisen bewältigen helfen. Wenn es andere Formen schriftlich niedergelegter Gebete gegeben hat, was wahrscheinlich ist, sind sie nicht erhalten geblieben.

Die in den Psalmen greifbare Ausprägung der Jahwe-Religion ist nicht ohne weiteres repräsentativ für die religiöse Praxis der Bevölkerung. Das Bild, das die Psalmen in ihrer Urgestalt geben, darf man keineswegs für das Ganze nehmen. Welche Bedeutung für die Bevölkerung neben Jahwe, dem Gott der Könige von Israel und Juda, andere Götter und Göttinnen hatten, geht aus den Texten nicht hervor. Ebenfalls geben sie, wenn überhaupt, nur mit erheblicher Einschränkung wieder, wie es in den Familien, Orten und Landschaften zuging. Es gibt in den Psalmen kaum Spuren von Dämonenglauben. Auch der Ahnenkult fehlt, der für das dynastische Königtum von Bedeutung gewesen sein muss. Die nicht wenigen bildlichen Darstellungen, die man in den vergangenen Jahrzehnten gefunden hat, zeigen eine ganz andere religiöse Vielfalt. Weiteres lässt sich den Ortsnamen entnehmen sowie den Personennamen, die sich in den benachbarten Königtümern in derselben Form auf die dortigen Götter bezogen. Sie haben sich erst allmählich und nie vollständig auf den Gott Jahwe ausgerichtet.

Ein Teil dieser Vielfalt war in den Texten womöglich dennoch vorhanden und ist im Laufe der Weiterüberlieferung ausgefallen. Dafür muss man nicht einmal unterstellen, dass solche Züge bewusst getilgt worden sind. Die Schriftrollen mussten in regelmäßigen Abständen neu geschrieben werden, weil das Schreibmaterial nicht dauerhaft war. Kopiert wurde nur, was nach wie vor von Belang war. Das Übrige ging verloren.

Das Ende des Königtums

In der Mitte des neunten Jahrhunderts war das israelitische Königtum unter der Dynastie der Omriden eine Macht, die die Region dominierte. Doch schon in der zweiten Hälfte des Jahrhunderts geriet es durch den Aufstieg der Könige von Aram-Damaskus an den Rand des Untergangs. Der nördliche Teil des Landes ging verloren. Im achten Jahrhundert konnte das Königtum von Israel sich erholen und den Norden zurückgewinnen. Es kam zu einer zweiten Blütezeit, die sich auch archäologisch belegen lässt. In der zweiten Hälfte des achten Jahrhunderts aber fiel es binnen weniger Jahrzehnte der Westexpansion der assyrischen Großkönige zum Opfer. Seit 722 war das Land eine assyrische Provinz.

Seither verlagerte sich der Schwerpunkt südwärts nach Juda. Im letzten Drittel des achten Jahrhunderts begann im Schatten des Neuassyrischen Reichs der Aufstieg Jerusalems, auch unter Mitwirkung der aus dem Königreich Israel geflohenen Aristokratie, die ihr Selbstverständnis und Teile des dortigen Königsarchivs mitbrachte. Die Stadt dehnte sich auf den Westhügel aus. Die Blütezeit wurde unterbrochen durch den Aufstand König Hiskias, in dessen Folge der assyrische Großkönig Sanherib im Jahre 701 Juda eroberte und unterwarf. Doch Sanherib beließ Hiskia als seinen Vasallen auf dem Thron und begnügte sich mit einem hohen Tribut. Unter der Pax Assyriaca stabilisierte sich das Land. Als das Neuassyrische Großreich im letzten Drittel des siebten Jahrhunderts unter dem Ansturm der Meder und der Neubabylonier zusammenbrach, traten die Könige von Juda das Erbe Israels an. Sie propagierten die politische und kultische Einheit beider Königreiche. Das hatte Folgen für das Selbstverständnis des späteren Judentums.

Am Ende des siebten Jahrhunderts geriet Juda zwischen die Fronten der unter Nebukadnezzar rasch expandierenden Neubabylonier, die von Norden her nach der Herrschaft über die levantinische Landbrücke griffen, und der Pharaonen der 26. Dynastie, die sich das Erbe Assyriens von Süden her sichern wollten. Die Könige von Juda wurden mal Vasallen der einen, mal der anderen Seite, konnten aber nicht so schnell die Fahne wechseln, wie die Kräfteverhältnisse hin und her wogten. Im Jahre 597 wurde König Jojachin Opfer einer ersten Strafexpedition. Nebukadnezzar deportierte ihn und seinen Hofstaat nach Babylon. Im Jahre 586 folgte die Deportation König Zedekias. Der von Nebukadnezzar eingesetzte Vasall Gedalja fiel bald darauf einem Mordanschlag zum Opfer. Damit fand auch die Geschichte der Könige von Juda ihr Ende.

Die Transformation

Nach dem Ende des Königtums übernahmen die Priesterschaft und die Repräsentanten der Bevölkerung die Rolle, die vormals der König innegehabt hatte. Die Kultgemeinde verstand sich nunmehr unmittelbar, ohne den königlichen Mittler, als Vasall des Gottes. Die Weltordnung, deren Wahrung, soweit sie in die Aufgabe der Menschen fiel, vordem dem König anvertraut war, lag nun in der Verantwortung von jedermann. «Recht und Gerechtigkeit» als Maßstab richtigen Regiments wurden allgemeine sittliche Norm und zugleich unmittelbarer Ausdruck religiösen Verhaltens. Hier liegen die Wurzeln der Gesetzesfrömmigkeit. Am wiederhergestellten Tempel wurde der Opferkult immer wichtiger.

«Israel» war jetzt nicht mehr das vom König beherrschte Gebiet samt seiner Bevölkerung. Anstelle des Königtums wurde die Religion zum Ausdruck der Identität. Der überlebende Hofstaat und die judäische Aristokratie hielten an der Verehrung des Gottes Jahwe fest. Neben dem Kult wurde im Laufe der Zeit das Brauchtum zum ethnisch-religiösen Erkennungszeichen: Sabbat und Beschneidung, Speisevorschriften und Reinheitsgebote. Der Festkalender schloss nicht nur Hochfeste und Wallfahrten ein, sondern auch Anlässe, die in der häuslichen Gemeinschaft begangen wurden. Besondere Bedeutung gewann das persönliche und das gemeinschaftliche Gebet.

Seit dem sechsten Jahrhundert lebten Judäer in zunehmender Zahl außerhalb ihres Stammlandes. Mesopotamien und Ägypten wurden bedeutende Zentren. In der hellenistischen Epoche nahm die Verbreitung weiter zu. Jerusalem aber wurde zu einer religiösen Metropole mit weltweiter Ausstrahlung und der Tempel zum Sehnsuchtsort. Als es im zweiten Jahrhundert v. Chr. dem hasmonäischen Königtum gelang, die Fremdherrschaft abzuschütteln, folgte eine Blütezeit, deren Spuren noch heute zu sehen sind. Damals wurde das Tempelplateau befestigt.

Die Psalmen als Dokumente der Religionsgeschichte

Besondere Bedeutung für die Identität des werdenden Judentums gewann die schriftliche Überlieferung. Die Reste des königlichen Archivs waren das Zeugnis einer Zeit, die man als normativ ansah und deren Wiederkehr man ersehnte. Sie wurden weiterüberliefert und boten fortan der religiösen Orientierung eine wesentliche Grundlage. In zunehmendem Maße bezog man sich auf die erhaltenen Zeugnisse der Prophetie und auf den in den Rechtssammlungen niedergelegten Willen Gottes. Die Gottesbeziehung speiste sich aus der Überlieferung, und wie man die Antworten auf die Fragen der eigenen Gegenwart den Texten entnahm, so trug man sie wiederum auch hinein. Die Texte wurden so wichtig, dass sich seither ein großer Teil der religiösen Praxis und vor allem des religiösen Denkens in ihnen niedergeschlagen hat.

Schon in dieser Zeit lässt sich beobachten, was Ismar Elbogen für die Entwicklung des jüdischen Gebets nach der Zerstörung des Zweiten Tempels beschrieben hat:

> Die ältesten Gebete durften nicht lang, sie mußten ferner schlicht und einfach sein, Schwierigkeiten in der Sprache und im Aufbau waren völlig ausgeschlossen. Als diese Gebete eingebürgert waren, erfuhren sie, ohne daß es bemerkt wurde, stetig Erweiterungen; das Bedürfnis nach Erneuerung, veränderte Geschmacksrichtung, Einflüsse von außen, der Brauch einzelner Frommer waren dabei maßgebend. Die Erweiterungen bestanden in breiterer, wortreicherer Ausführung der vorhandenen Gedanken, in Einfügung von kleineren oder größeren Stücken der Heiligen Schrift, in poetischen Ausschmückungen des bestehenden Textes. (Der jüdische Gottesdienst in seiner geschichtlichen Entwicklung, Leipzig 1913, 2)

Wie die Psalmen das älteste religiöse Zeugnis sind, das sich im Alten Testament erhalten hat, so ist der Psalter daher zugleich die wichtigste Quelle für die Geschichte der Frömmigkeit in der hellenistischen Zeit, mit fließenden Übergängen zur deuterokanonischen Literatur des zweiten und ersten Jahrhunderts v. Chr. Die Psalmen enthalten auf diese Weise auch die jüngsten Textzeugnisse, die sich in der hebräischen Bibel finden. Die Wirkungsgeschichte bezeugt bis auf den heutigen Tag, wie aktuell die Psalmen sind. Sie sind es nicht nur wegen ihrer Zeitlosigkeit, sondern auch, weil die theologischen Folgen des Monotheismus im Psalter so deutlich werden wie kaum an anderer Stelle.

Die Voraussetzungen der literaturgeschichtlichen Analyse

Die wichtigsten Anhaltspunkte, die es möglich machen, die ursprüngliche Gestalt eines Psalms freizulegen, ergeben sich aus der sprachlichen Form. Dazu zählen der Zeilenfall, der Gedankenreim, auch *Parallelismus membrorum* genannt, der Rhythmus, die Rhapsodik und die Strophenbildung. Dass die Psalmen keine Texte aus einem Guss sind, wurde schon immer festgestellt. Die Brüche zeigen sich bereits an den Lesarten der antiken Übersetzungen, allen voran der griechischen Fassung (der sogenannten Septuaginta). Sie haben gelegentlich auch in der handschriftlichen Überlieferung des hebräischen Textes Spuren hinterlassen.

Der Form nachgeordnet sind Beobachtungen zum Inhalt. Es gibt in der weiteren Entwicklung gut erkennbare thematische Ebenen, die sich jeweils durch mehrere Psalmen ziehen. Die Psalmen wurden auf die neuen Formen des Kultes ausgerichtet, die ohne den König auskommen mussten. Sie bekamen eine größere Bedeutung für den Ablauf des Gottesdienstes. Notgedrungen mehrten sich die imaginativen Züge. Das «Ich» der Psalmen, das ursprünglich das individuelle, tatsächlich aber repräsentative Ich des Königs gewesen ist, wurde zum kollektiven Ich der Kultteilnehmer. So ließen sich Gebete, die für einzelne Beter bestimmt waren, ohne weiteres als Gemeinde-Gebete gebrauchen. Zugleich wurden die Psalmen mit Nachdruck auf das unmittelbare Königtum des Gottes Jahwe, das heißt auf die Theokratie, ausgerichtet. Das schloss die Hoffnung auf die Wiederkehr der Monarchie ein. Der Psalter erhielt nicht wenige messianische Ergänzungen. Die Psalmen wurden mit den Geschichtsdarstellungen aus anderen Teilen der Bibel verknüpft. Auch zu den prophetischen Büchern wurden vielfältige Bezüge geschaffen. Die wachsende Konkurrenz des Jerusalemer Tempels mit dem überregional bedeutenden Jahwe-Tempel auf dem Berg Garizim unweit von Samaria schlug sich darin nieder, dass man die Gegenwart Jahwes auf dem Zion nachdrücklich betonte (Psalm 48, Seite 129). Der Psalter richtete sich an das weltweit verstreute Judentum. Man warb um Wallfahrten und Kollekten, sogar um die Übersiedlung in den Umkreis des Tempels.

In der frühen hellenistischen Zeit am Übergang vom vierten zum dritten Jahrhundert verstärkte sich angesichts der Unruhen der Diadochenzeit die Hoffnung auf die Wiederkehr eines eigenen Königtums. In dieser Zeit entstanden weitere Königspsalmen wie Psalm 89 und 132. In den biblischen Büchern der Chronik wurde die Geschichte der David-Dynastie unter theokratischem Gesichtspunkt neu gefasst. Nachdem die Ptolemäer in Ägypten die Herrschaft übernommen hatten und von dort aus die Oberhoheit über die südliche Levante, drangen aus ägyptischer Überlieferung möglicherweise einzelne Themen in die judäische Königstradition ein. Dazu könnte die Vorstellung gezählt haben, der König sei von der Gottheit gezeugt worden (Psalm 2,7; 110,3). Da wir uns auf die Psalmen beschränken, die mit hoher Wahrscheinlichkeit aus der Königszeit stammen, haben wir diese Psalmen nicht in unsere Sammlung aufgenommen.

Seit dem dritten Jahrhundert wurden die Psalmen unter dem Einfluss einer frommen Armutsbewegung bearbeitet, die als Reaktion auf die wirtschaftlichen Verwerfungen der hellenistischen Epoche entstand. Die Tora-Frömmigkeit drückte der Sammlung ihren Stempel auf. Aus dem Missverhältnis zwischen frommem Gehorsam und fehlendem Lebenserfolg entwickelte sich die Vorstellung eines Weltgerichts am Ende der Geschichte, mit dem Gott Verhalten und Schicksal ins Lot bringen werde. Bei alldem blieb der ursprüngliche Bezug auf das Königtum in Erinnerung. Er kommt in den spät hinzugefügten Überschriften zur Geltung, die eine große Zahl der Psalmen mit König David verbinden. David galt als inspirierter Autor, als wäre er einer der Propheten gewesen.

Wegen der religiösen Bedeutung des Textes wagte man den überlieferten Wortlaut in der Regel nicht anzutasten. Die thematische Neuausrichtung führte deshalb nicht zu Kürzungen oder weitgehenden Umformulierungen, sondern schlug sich in Ergänzungen nieder. Daraus ergibt sich ein methodischer Vorteil, der die analytische Arbeit überhaupt erst möglich macht und ihr eine nicht unbeträchtliche Sicherheit gibt. Zieht man die Überarbeitungen ab, kommen darunter reine Formen ans Licht, die sich durch die Kohärenz der Motive auszeichnen und sich vielfach mit ähnlichen Texten des altorientalischen Umfelds berühren. Besonders aufschlussreich ist der Vergleich mit der religiösen Poesie aus Ugarit.

Hinweise zur Lektüre

Im Buch der Psalmen sind die Gebete aus ihrem Zusammenhang gerissen, den sie einst im Kult besessen haben. Sofern es eine bewusste Anordnung überhaupt gibt, richtet sie sich nach inhaltlichen Motiven. Für unsere Darstellung haben wir die biblische Reihenfolge dennoch beibehalten, denn die Zuordnung zu bestimmten Anlässen und kultischen Abläufen ist nicht immer eindeutig möglich. Auch wird es so leichter, die rekonstruierten Fassungen mit dem jetzigen Bestand zu vergleichen, und die vielen Querverbindungen zwischen den einzelnen Gebeten lassen sich einfacher nachvollziehen.

Der Schwerpunkt liegt für jeden Psalm auf der Urgestalt. Sie wird in ihrer poetischen Form und ihrer möglichen Verwendung beschrieben und anhand der Parallelen in den altorientalischen Kontext gerückt. Frühe Fortentwicklungen, die noch in die Königszeit gehören, sind durch Kursive gekennzeichnet. Verschachtelungen mehrerer Gebete werden gelegentlich durch Rahmenlinien abgesetzt.

Um die literaturgeschichtliche und religionsgeschichtliche Entwicklung nachvollziehbar zu machen, haben wir auch die spätere Gestalt des Psalms beigegeben und erläutert. Das schrittweise Wachstum wird durch Einrückungen dargestellt. Einfache Anführungszeichen (‹ ›) zeigen an, wo wir vom hebräischen Text und seiner überlieferten Vokalisation abweichen oder sonst eine nachträgliche Textänderung vermuten. Das hebräische SELA bleibt unübersetzt. Es ist wahrscheinlich eine Anweisung zur Rezitation. Der genaue Sinn ist ungeklärt.

Die knappe Darstellung kann eine eingehende wissenschaftliche Kommentierung nicht ersetzen. In einem Anhang ist deshalb für jeden Psalm weiterführende Literatur genannt. Dort werden auch die außerbiblischen Quellen und die Abbildungen nachgewiesen.

Das im Psalter enthaltene Material aus der Königszeit ist wahrscheinlich durch unsere Analysen nicht erschöpft. Bestimmte Wendungen der Gebetssprache kehren von den ältesten bis zu den jüngsten Gebeten immer wieder. Die alten Kerne lassen sich deshalb nicht immer eindeutig abgrenzen. Die Debatte wird weitergehen, ob der eine oder andere Psalm ebenfalls in diese Sammlung hätte aufgenommen werden sollen und ob sich unter dem von uns identifizierten Material auch Psalmen finden, die von vornherein in die spätere Zeit gehören.

EIN GEBET UM BEISTAND IM KRIEG

Psalm 3

Jahwe, wie zahlreich sind meine Feinde,
  so viele sind's, die gegen mich aufstehen!
Du aber, Jahwe, bist ein Schild um mich,
  meine Ehre und der mein Haupt erhebt.
Ich fürchte mich nicht vor den Zehntausenden,
  die ringsum gegen mich in Stellung gegangen sind.
Steh auf, Jahwe, rette mich, mein Gott,
  denn du zerschlägst all meinen Feinden die Kinnlade!

Das Gebet war wahrscheinlich für den König bestimmt. Es setzt ein mit der Klage über eine Vielzahl von Feinden. Wenn der Beter behauptet, dass sie «gegen mich aufstehen», deutet er den Angriff als Aufstand. Er beansprucht, zuvor über die Gegner geherrscht zu haben. Sie bedrohen nicht nur ihn als Person, sondern auch die Ordnung, die zu wahren er von Jahwe beauftragt ist. In dieser Lage ist Jahwe für den König ein Schild, der ihn vor den Pfeilen der Angreifer schützt. Auch die Göttin Ischtar konnte sich im Orakel an den assyrischen Großkönig als Schild bezeichnen: «Asarhaddon, in Arbela bin ich dein guter Schild.»

In seiner Not hatte der König sein Haupt sinken lassen (vergleiche Psalm 24,7–10). Doch die Erwartung, dass Jahwe ihm beistehen werde, ermutigt ihn. So gewinnt er seine Aura («Ehre») zurück. Erhobenen Hauptes sieht er den Feinden entgegen. Er fürchtet die unzählbare Menge nicht mehr, die ihn umzingelt hat. Dieses Selbst- und Gottvertrauen ist die Wirkung des Orakels, mit dem der Gott dem König versprochen hat, ihm beizustehen: «Fürchte dich nicht, denn ich bin mit dir. Hab keine Angst, denn ich bin dein Gott! Ich stärke dich, ja ich stehe dir bei, ja ich stütze dich mit der rechten Hand meiner Gerechtigkeit!» (Jesaja 41,10)

Ähnlich schildert der König Zakkur von Hamath und Luʿasch (8. Jahrhundert v. Chr.) in einer Steleninschrift, wie der Herr des Himmels, einer der Hauptgötter seines Reiches, ihn gerettet hat, als er von einem riesigen Heer belagert wurde:

> … Ich bin Zakkur, der König von Hamath und Luʿasch. … Birhadad, der Sohn des Haza'el, der König von Aram, vereinigte siebzehn Könige gegen mich: … Und all diese Könige belagerten Hazrak. … Da erhob ich meine Hände zum Herrn des Himmels, und der Herr des Himmels antwortete mir. Und der Herr des Himmels redete zu mir durch Seher und durch Wahrsager. Und der Herr des Himmels sprach zu mir: Fürchte dich nicht; denn ich habe dich zum König gemacht, und ich stehe dir bei und rette dich vor all diesen Königen, die eine Belagerung gegen dich begonnen haben …

Der Beter von Psalm 3 ist gewiss, dass sein Gott ihm beistehen wird. Er zieht mit dem Ruf in den Kampf: «Steh auf, Jahwe, rette mich, mein Gott!» Jahwe wird mit seiner Keule den Feinden die Kinnlade zerschmettern. Nach dem ugaritischen Aqhat-Epos (13. Jahrhundert v. Chr.) ist der Erbprinz derjenige,

> … der die Kinnlade dessen schließt, der ihn verachtet,
> der den vertreibt, der ihm Böses antut …

So wird der kämpfende König unter dem Beistand seines Gottes die Feinde zum Schweigen bringen, die ihren Mund gegen ihn aufgerissen haben.

Der spätere Psalm

1 Ein Saitenspiel Davids,
als er auf der Flucht war vor seinem Sohn Absalom.
2 Jahwe, wie zahlreich sind meine Feinde,
so viele sind's, die gegen mich aufstehen!
3 So viele sind's, die von mir sagen:
Es gibt keine Rettung für ihn bei Gott. SELA
4 Du aber, Jahwe, bist ein Schild um mich,
meine Ehre und der mein Haupt erhebt.
5 Laut rief ich zu Jahwe,
da antwortete er mir von seinem heiligen Berg. SELA
6 Ich legte mich nieder und schlief ein,
ich erwachte, denn Jahwe stützt mich.
7 Ich fürchte mich nicht vor den Zehntausenden,
die ringsum gegen mich in Stellung gegangen sind.
8 Steh auf, Jahwe, rette mich, mein Gott,
denn du zerschlägst all meinen Feinden die Kinnlade!
Du zerschmetterst die Zähne der Frevler.
9 Bei Jahwe ist die Rettung.
Dein Segen komme über dein Volk! SELA

In der Mitte des Gebets wird der Gestus der Anrede unterbrochen, um eine Reflexion über das Handeln Jahwes einzuschieben. Der Beter erzählt, wie er laut zu Jahwe gerufen hat. Jahwe hat ihm von seinem heiligen Berg her geantwortet, dem Ort seiner ständigen Gegenwart. In dieser Ergänzung meldet sich die spätere Tempel-Frömmigkeit zu Wort. Obwohl von Feinden bedrängt, konnte der Beter ruhig schlafen. Als er am Morgen erwacht, weiß er, dass Jahwe auf seiner Seite ist, ihn hält und stützt. So liest sich der Psalm jetzt als Morgenlied. Er bildet zusammen mit dem Abendlied Psalm 4 ein Paar. An dessen Ende bekennt der Beter, dass er bei Jahwe geborgen ist und deshalb friedlich schlafen kann.

Am Schluss wurde dem Psalm ein Segenswunsch für das Gottesvolk angefügt. Ein solcher Wunsch ist auch am Ende anderer Psalmen ergänzt worden (Psalm 14,7; 25,22; 28,8–9; 29,11 und öfter).

Je tiefer die Frömmigkeit, desto heftiger auch der Zweifel. Ein weiterer Beter vernimmt aus dem Mund der Feinde die Anfechtung: «Es gibt keine Rettung für ihn bei Gott.» Doch als er den Psalm betet, teilt sich auch ihm die Gewissheit mit: «Du zerschmetterst die Zähne der Frevler.»

Die Überschrift schreibt das Gebet David zu, der es gesprochen haben soll, als sich sein Sohn Absalom gegen ihn erhoben hatte und er aus Jerusalem fliehen musste (2. Samuel 15–16). Im heutigen Zusammenhang eröffnet es die Sammlung von Davidpsalmen 3–41.

ANRUFUNG DES KULTISCHEN GERICHTS

Psalm 5

Jahwe, am Morgen hörst du meine Stimme,
  betrachte, was ich dir auseinanderlege! Ich schaue aus.
Denn du bist kein Gott, dem Frevel gefällt;
  ein Böser darf nicht bei dir weilen.
Du vertilgst die Lügenredner,
  deren Inneres Verderben ist.
Ein geöffnetes Grab ist ihre Kehle,
  mit ihrer Zunge heucheln sie.

Mit diesem Gebet nimmt der Beter Zuflucht an der Kultstätte und bittet um einen Gottesentscheid. Seiner Appellation ist womöglich ein anderes Gerichtsverfahren vorausgegangen, etwa in der Versammlung der Ältesten. Der Beschuldigte erkennt die dort gegen ihn vorgebrachten Gründe nicht an.

Das Verfahren findet am Morgen statt, nach Sonnenaufgang. Denn die Sonne gilt als der oberste Richter. Mit ihrem täglichen Aufgang endet die nächtliche Dunkelheit, in der das Chaos sich breit machen konnte. Bis in die letzten Winkel leuchtet die Sonne die Welt aus. Unbestechlich macht sie das Verborgene sichtbar. So wird sie zum Garanten für das Recht und damit für die Ordnung, auf der das Zusammenleben beruht. In Israel und Juda hat der Gott Jahwe diese Rolle übernommen. Er ist der Helfer am Morgen (Jesaja 17,14; Psalm 46,6).

Mit lauter Stimme wendet der Beter sich an Jahwe. Sein

Anliegen ist öffentlich und scheut keine Zeugen. Er ist gewiss, dass der Gott ihn hört. Dann schaut er aus und wartet, wie Jahwe entscheiden wird.

Das Verb *ʿrq* «auseinanderlegen» kann für das Zurichten eines Opfertiers gebraucht werden, das auf dem Altar zerlegt werden musste (Levitikus 1,7.12). Die zweite Zeile beginnt jetzt mit einem zweiten *boqær* «am Morgen». Das lässt sich als *baqqer* «betrachte!» vokalisieren: «Betrachte, was ich dir auseinanderlege», nämlich das Opfertier und seine Eingeweide. In Ugarit ist das Verb *bqr* für die Leberschau belegt. Es findet sich in einem Kultbescheid, der anlässlich einer Sonnenfinsternis erstellt wurde.

Das Gebet wurde während der Darbringung des Opfers gesprochen. Auch dafür gibt es Parallelen. In einer akkadischen Beschwörung richtet sich der Beter an den Mondgott Sin, der als Neumond (Namrassit) erscheint:

> Namrassit, an Kraft ohne gleichen, dessen Ratschluss niemand erkennen kann: Ich habe dir ein reines nächtliches Schüttopfer dargebracht, dir vorzüglichstes süßes Bier ausgegossen. Ich kniee nieder, stehe da, suche immer dich, eine gute und rechte Segensformel sprich aus über mir!

In dieser Weise wartet auch der Beter des Psalms auf den Gottesentscheid. Er ist sich sicher, dass Jahwe ihm Recht geben und die falschen Ankläger vernichten wird.

Der spätere Psalm

1 Für den Chorleiter, zum Flötenspiel.
Ein Saitenspiel Davids.
2 Lausche auf mein Reden, Jahwe,
verstehe mein Nachdenken!
3 Achte auf mein lautes Schreien,
mein König und mein Gott,
denn ich flehe zu dir.

4 Jahwe, am Morgen hörst du meine Stimme,
‹betrachte›, was ich dir auseinanderlege! Ich schaue aus.
5 Denn du bist kein Gott, dem Frevel gefällt;
ein Böser darf nicht bei dir weilen.
6 Betrüger dürfen dir nicht vor Augen treten;
du hasst alle Übeltäter.
7 Du vertilgst die Lügenredner,
«Einen Blutmenschen und Betrüger verabscheut Jahwe …»
8 Aber ich, in der Fülle deiner Huld
will ich dein Haus betreten.
Ich falle nieder zu deinem heiligen Tempel hin
in der Furcht vor dir.
9 Jahwe, leite mich in deiner Gerechtigkeit
wegen meiner Widersacher,
ebne vor mir deinen Weg!
10 «… denn in seinem Mund ist nichts Verlässliches.»
deren Inneres Verderben ist.
Ein geöffnetes Grab ist ihre Kehle,
mit ihrer Zunge heucheln sie.
11 Sprich sie schuldig, Gott!
Sie sollen fallen durch ihre Anschläge!
Wegen der Menge ihrer Sünden verstoße sie,
denn sie sind widerspenstig gegen dich.
12 Aber freuen werden sich alle, die sich bei dir bergen.
Für immer werden sie jubeln, und du wirst sie beschirmen,
sodass über dich frohlocken, die deinen Namen lieben.
13 Denn du, du segnest den Gerechten, Jahwe,
wie ein Setzschild umgibst du ihn mit Wohlgefallen.

Wie er vorliegt, beginnt der Psalm, als würde ein Lehrer die Aufmerksamkeit seines Schülers einfordern: «Lausche auf mein Reden!» Der Parallelsatz unterstreicht das: «Verstehe mein Nachdenken!» Das Gebet will jetzt als die Meditation eines Weisen gelesen werden. Aus dem Rechtsfall wurde eine grundsätzliche Reflexion über die Gerechtigkeit Gottes. Sie geht aus von einer vorgeprägten Sentenz, die in der Mitte des

Gebets eingefügt wurde. Sie könnte ebenso gut im Buch der Sprüche stehen (vergleiche Sprüche 10,3.29; 11,20; 12,2.22):

> Einen Blutmenschen und Betrüger verabscheut Jahwe;
> denn in seinem Mund ist nichts Verlässliches.

Um die Sentenz einzufügen, wurde das Bekenntnis «Du vertilgst die Lügenredner, deren Inneres Verderben ist» auseinandergerissen. Ihrerseits dient sie als Rahmen für die Bitte: «Jahwe, leite mich in deiner Gerechtigkeit wegen meiner Widersacher, ebne vor mir deinen Weg!»

In dieser Fassung stehen sich nicht mehr der Beschuldigte und seine Ankläger gegenüber, sondern zwei Typen: der Gerechte und die Übeltäter. Der Gerechte richtet sein Leben nach der sittlichen und religiösen Norm, die er als das Gebot seines Gottes versteht. Dabei sieht er sich in einem scharfen Gegensatz zu jenen, die dieser Norm nicht gehorchen. Er ist gewiss, dass Gott die Übeltäter hasst. Er wird sie verurteilen und verstoßen. Auf die hingegen, die Jahwes Namen lieben, wartet die ewige Freude der Gottesnähe. Der Beter hofft, zu diesen Gerechten zu zählen. Aber er ist nicht selbstgerecht. Deshalb bittet er Jahwe, ihm Anteil an seiner göttlichen Gerechtigkeit zu gewähren. Ähnliche Bitten finden sich in Psalm 27,11; 86,11; 139,24. Jahwe möge ihn schützen wie der Schildträger, der den Kämpfer mit einem bodenlangen Setzschild umgibt.

Später wurde der Psalm in der Mitte um ein Bekenntnis zum Tempel ergänzt. Der Beter fällt in Richtung des Tempels nieder. Er verehrt ihn als die Stätte der Gegenwart seines Gottes (auch Psalm 138,2). Die Sehnsucht nach dem Tempel bekam besondere Bedeutung, seit sich das Judentum über weite Teile der damaligen Welt verbreitete.

In Vers 3 schießt die Anrede «mein König und mein Gott» über die Zeile hinaus. Sie bezeugt die Vorstellung der unmittelbaren Herrschaft Gottes. Man hat sie auch in Psalm 84,4 hinzugefügt.

EIN GEBET IN SCHWERER KRANKHEIT

Psalm 6

Sei mir gnädig, Jahwe,
  denn ich, ich vertrockne!
Heile mich, Jahwe,
  denn meine Knochen sind erschrocken;
und meine Seele ist sehr erschrocken.
  Du aber, Jahwe – wie lange noch?
Denn im Tod gibt es kein Gedenken an dich.
  Wer wird dir in der Unterwelt danken?
Ich schwemme in jeder Nacht mein Bett,
  mit meinen Tränen netze ich mein Lager.
Mein Auge ist dunkel geworden vor Gram,
  matt geworden wegen all meiner Widersacher.
Höre, Jahwe, mein Flehen!
  Jahwe möge mein Gebet annehmen.

Der Beter vergleicht seine Krankheit mit einer Erfahrung, die in Palästina häufig war: Es geht ihm wie dem Land, dem der Regen fehlt. Zu einem fruchtbaren Dasein ist er nicht mehr imstande. Ebenso kräftig ist das zweite Bild: «Meine Knochen sind erschrocken.» Die Knochen stehen für das körperliche Ich. Deshalb können sie bei Gelegenheit sogar sprechen und jubeln (Psalm 35,10; 51,10). Wie den Knochen geht es dem vitalen und geistigen Ich: «Meine Seele ist sehr erschrocken.» Angst kommt auf, die Rettung könnte zu spät kommen. Das Warten wird zur eigentlichen Qual: «Du aber, Jahwe – wie lange noch!»

Um die Hilfe herbeizuzwingen, erinnert der Beter an das Eigeninteresse des Gottes: Wenn Jahwe sich nicht sputet, wird der Beter bereits in der Unterwelt sein. Von dort dringt kein Lob an die Oberfläche. Niemand würde sich dankbar an Jahwes Taten erinnern. Das Dankopfer würde ausbleiben. Der Gott würde leer ausgehen.

Symptome nennt das Gebet nicht, wohl aber die Folgen: das Weinen bei Nacht. Die Nacht ist die Zeit, in der die Dämonen lauern. Ein Beispiel aus dem sogenannten «sumerischen Hiob»:

> Mein Gott, im Lande Sumer erstrahlt der Tag, mir aber ist der Tag verfinstert. Der strahlende Tag ist mir wie ein Tag der Finsternis geworden. Weinen, Seufzen, Unruhe, schweres Gemüt werden in meinen Körper gesetzt, Mühsal bedeckt mich wie ein weinendes Kind. Der Schicksalsdämon … trägt mit seiner Hand mein Leben fort, an meinem Körper richtet die Böses verursachende *á-zàg*(-Krankheit) ein Schweißbad an.

Ähnliches findet sich in sumerisch-akkadischen Klageliedern:

> Der, in dessen Augen die Tränen nicht aufhörten,
> harrte in Weinen (und) Mühsal täglich aus!

Fast wörtlich gleich wie der Psalm lautet folgende Klage:

> Meine Augen füllst du mit Weinen.
> Auf dem Nachtlager ist Mühsal angefüllt.

Die Tränenflut macht die Lagerstatt dem Chaoswasser gleich, sodass der Beter, statt Ruhe zu finden, in seiner Angst versinkt. Die Tränen verdunkeln das Augenlicht. Wenn das Auge leuchtet, ist der Mensch im Vollbesitz seiner Kraft; verliert es seinen Glanz, ist das Leben bedroht.

An dieser Stelle kommt eine weitere Ursache ins Spiel: «all meine Widersacher». Der Gram geht nicht allein auf die Krankheit zurück. Die Gebrechen liefern den Beter dem Urteil der anderen aus. Dabei ist nicht unterscheidbar, ob die Krankheit die

Mitmenschen auf den Plan ruft, oder die Mitmenschen ihn krank gemacht haben. Geheilt zu werden, kommt einer Rehabilitierung gleich.

Der Psalm schließt mit der Bitte um Erhörung. Dass der Psalm zuletzt aus der Anrede in die Rede über Jahwe wechselt, kann man so verstehen, dass der Beter sich zum Abschluss an den Priester wendet und ihm das gesprochene Gebet als Weihgabe für den Gott übergibt.

Der spätere Psalm

1 Für den Chorleiter,
zur Begleitung mit Saiten, auf der Achten.
Ein Saitenspiel Davids.
2 Jahwe, nicht in deinem Zorn strafe mich
und nicht in deinem Grimm züchtige mich!
3 Sei mir gnädig, Jahwe,
denn ich, ich vertrockne!
Heile mich, Jahwe,
denn meine Knochen sind erschrocken;
4 und meine Seele ist sehr erschrocken.
Du aber, Jahwe – wie lange noch?
5 Kehre um, Jahwe, errette meine Seele!
Hilf mir um deiner Huld willen!
6 Denn im Tod gibt es kein Gedenken an dich.
Wer wird dir in der Unterwelt danken?
7 Ich bin erschöpft von meinem Seufzen.
Ich schwemme in jeder Nacht mein Bett,
mit meinen Tränen netze ich mein Lager.
8 Mein Auge ist dunkel geworden vor Gram,
matt geworden wegen all meiner Widersacher.
9 Weicht von mir, alle Übeltäter!
Denn Jahwe hat mein lautes Weinen gehört.
10 Jahwe ‹hat› mein Flehen ‹gehört›.
Jahwe möge mein Gebet annehmen.

11 Alle meine Feinde sollen beschämt werden
und sehr erschrecken.
Sie sollen zurückweichen
und auf der Stelle beschämt werden.

Psalm 6 gilt seit dem frühen Mittelalter als der erste der sieben Bußpsalmen. So, wie das Gebet heute einsetzt, will es die Angst bewältigen, das Elend des Beters könnte eine Strafe Gottes sein. Diese Deutung geht auf eine theologische Bearbeitung zurück.

Noch vor dem ursprünglichen Beginn wendet sich der Beter an Jahwe. Er akzeptiert in Demut die Züchtigung; sie soll aber nicht in Jahwes Zorn geschehen, auf die der Beter seine schlimme Lage nunmehr zurückführt. Jahwe möge von seinem Zorn ablassen und im Zweifel Gnade vor Recht ergehen lassen (Vers 5). Auch der Appell an das Eigeninteresse Jahwes wird verstärkt (Vers 7).

Die Heilung kommt umso mehr einer Rechtfertigung gleich. Der Beter erhofft sie vor dem Forum der Gegner. Sie sollen zu Zeugen, ja zu Betroffenen werden, wenn Jahwe den Beter rehabilitiert (Vers 11). Nicht die Knochen und die Seele des Beters sollen erschrecken, sondern seine Widersacher. So wird die Mutmaßung, der Beter sei vor Gott schuldig geworden, auf der Stelle widerlegt werden.

Eine weitere Bearbeitung rückt die Rechtfertigung in den Horizont des erwarteten Endgerichts. In Vers 9 wird der Gestus des Gebets verlassen. Unvermittelt wendet sich der Beter an seine Widersacher und Feinde. Er grenzt sich entschieden von diesen «Übeltätern» ab, wie er sie jetzt nennt. Der Begriff kennzeichnet jene Menschen, die die Tora willentlich übertreten und im Endgericht ihre Strafe erfahren werden. In diesem Sinn wird der Satz in Lukas 13,27 dem Weltenrichter in den Mund gelegt: «Ich weiß nicht, wo ihr her seid. Weicht von mir, ihr Übeltäter!»

Die Hoffnung des Gerechten, erhört zu werden, beruht auf dem Doppelsinn des hebräischen Konsonantentextes. Das erste Wort von Vers 10 kann sowohl als Imperativ gelesen werden:

š^{e}ma‘ «Höre, Jahwe!» als auch als Präteritum: *šāma‘* «Jahwe hat gehört». Die erste Möglichkeit passt besser zu der Bitte: «Jahwe möge mein Gebet annehmen», und gibt mit großer Wahrscheinlichkeit die ursprüngliche Lesart wieder. Seither aber liegt die zweite Möglichkeit näher. Die Folge ist ein unvermittelter Umschwung von der Klage zur Erhörungsgewissheit. Dieser plötzliche Stimmungswechsel findet sich in einigen Psalmen tatsächlich, aber ursprünglich nicht in diesem Psalm.

EIN HILFERUF UND EIN REINIGUNGSEID

Psalm 7

Jahwe, mein Gott, bei dir nehme ich Zuflucht.
  Hilf mir vor all meinen Verfolgern und rette mich,
dass er nicht wie ein Löwe mein Leben zum Raub nimmt,
  der reißt, und keiner ist da, der rettet.
Wahrlich, wieder wetzt er sein Schwert,
  hat seinen Bogen gespannt und zielt damit.
Und für sich hat er tödliche Waffen bereitet:
  seine Pfeile macht er brennen.
Sein Unheil wird auf seinen Kopf zurückkehren
  und auf seinen Scheitel seine Gewalttat herabfahren.

*

Jahwe, mein Gott, wenn ich dies getan habe:
  wenn Unrecht an meinen Händen ist,
wenn ich dem, der mit mir in Frieden war, Böses getan
  und meinen Widersacher grundlos beraubt habe,
dann soll der Feind meine Seele verfolgen und ergreifen
  und mein Leben zu Boden treten
  und meine Ehre in den Staub legen.

Der Kern des Psalms besteht aus dem kurzen Hilferuf in den ersten beiden Zeilen. Der Beter wird von Gegnern verfolgt und flüchtet sich an die Kultstätte. Dort behaftet er Jahwe als seinen persönlichen Schutzgott, der verpflichtet ist, seinem Verehrer beizustehen. Ab der zweiten Doppelzeile wird die Bedrohung geschildert. Unvermittelt wird der Gegner in der Einzahl genannt und mit einem Löwen verglichen. Er ist doppelt bewaffnet: mit einem scharfen Schwert für den Nahkampf und mit einem Bogen als Fernwaffe. Die dramatische Beschreibung mündet in den Wunsch, die Pfeile mögen sich umwenden und den Gegner am eigenen Kopf treffen.

Mitten in die Schilderung des Feindes wurde ein Reinigungseid eingefügt, wie er im kultischen Gerichtsverfahren in Gebrauch war. Er beginnt mit derselben Anrede wie der einleitende Hilferuf: «Jahwe, mein Gott!» Mit der Formel «Wenn ich dies getan habe ...» weist der Beklagte die Anschuldigung zurück. Denen gegenüber, die sich ihm anvertraut haben, war er loyal und hat sich nicht an ihnen bereichert. Sollte er schuldig sein, verflucht er sich selbst. Dann mag der Feind sein Leben und seine Ehre vernichten.

Der spätere Psalm

1 Ein Schiggajon Davids,
das er Jahwe sang
wegen der Worte des Kusch, des Benjaminiters.
2 Jahwe, mein Gott, bei dir nehme ich Zuflucht.
Hilf mir vor all meinen Verfolgern und rette mich,
3 *dass er nicht wie ein Löwe mein Leben zum Raub nimmt,*
der reißt, und keiner ist da, der rettet.
4 Jahwe, mein Gott, wenn ich dies getan habe:
wenn Unrecht an meinen Händen ist,
5 wenn ich dem, der ‹mit mir in Frieden war›, Böses getan
und meinen Widersacher grundlos beraubt habe,
6 dann soll der Feind meine Seele verfolgen und ergreifen
und mein Leben zu Boden treten
und meine Ehre in den Staub legen. SELA
7 Steh auf, Jahwe, in deinem Zorn,
erhebe dich gegen das Wüten meiner Widersacher
und wach auf, ‹mein Gott›, der du Gericht geboten hast!

8 Und eine Versammlung von Nationen sei um dich her,
und über ihr ‹throne› in der Höhe!
9 Jahwe wird die Völker richten.
Schaffe mir Recht, Jahwe, nach meiner Gerechtigkeit
und nach meiner Unschuld geschehe mir!
10 Es ende doch die Bosheit der Frevler,
und gib dem Gerechten Bestand!
Und der Herzen und Nieren prüft,
ist ein gerechter Gott.
11 Meinen Schild trägt Gott,
ein Retter derer, die aufrechten Herzens sind.
12 Gott ist ein gerechter Richter
und ein Gott, der an jedem Tag zürnt.
13 *Wahrlich, wieder wetzt er sein Schwert,*
hat seinen Bogen gespannt und zielt damit.
14 *Und für sich hat er tödliche Waffen bereitet:*
seine Pfeile macht er brennen.
15 Siehe, er kreißt mit Nichtigem
und geht schwanger mit Unheil und wird Lüge gebären.
16 Ein Loch hat er gegraben und ausgehoben,
und er fiel in die Grube, die er gemacht hat.
17 *Sein Unheil wird auf seinen Kopf zurückkehren*
und auf seinen Scheitel seine Gewalttat herabfahren.
18 Ich will Jahwe danken für seine Gerechtigkeit
und aufspielen dem Namen Jahwes, des Höchsten!

Das Bekenntnis «Bei dir nehme ich Zuflucht», mit dem der Psalm beginnt, ermöglichte es den Frommen, sich in dem Beter wiederzuerkennen. Der Ausdruck «die bei Jahwe Zuflucht nehmen» ist eine der Wendungen, mit denen sie sich als Gruppe bezeichneten (Psalm 2,12; 5,12; 18,31; 31,20; 34,23; Nahum 1,7; Sprüche 30,5). So kam es, dass der Psalm umfangreich ergänzt wurde. Dass er keine literarische Einheit ist, ist offensichtlich. Vers 13 kann ursprünglich nur auf Vers 3 gefolgt sein. Der gerechte Gott kann nicht derjenige sein, der sein Schwert wetzt.

Auf den Reinigungseid, der in den alten Psalm eingefügt wurde, folgt in Vers 7 der Kampfruf: «Steh auf, Jahwe!» Er richtet sich gegen die Widersacher (Numeri 10,35; Psalm 3,8). Der Abschnitt Vers 9b–12 nimmt den Beginn von Psalm 26 auf: «Schaffe mir Recht, Jahwe!» Anders als dort geht es nicht mehr um ein kultisches Gerichtsverfahren. Der Gerechte beschwört Jahwe als den richtenden Gott, der Herzen und Nieren prüft. Er möge der Bosheit der Frevler ein Ende machen, dem Gerechten Bestand geben und sich als Retter derjenigen erweisen, die aufrechten Herzens sind.

Die Fortsetzung ab Vers 13 gilt jetzt als die Beschreibung des Frevlers. Aus Jesaja 59,4 ist der Vorwurf übernommen, er gehe mit Unheil schwanger und werde Lüge gebären. Aus Psalm 35,7 und 57,7 stammt, dass der Frevler selbst in die Fallgrube gefallen sei, die er gegraben hat. Zum Dank gelobt der Gerechte am Ende des Psalms, dass er Jahwe für seine Gerechtigkeit preisen will.

In Vers 8 wechselt die Blickrichtung ein weiteres Mal. Wir sehen den Weltenrichter über den Völkern thronen. In den weltpolitischen Turbulenzen des dritten und zweiten Jahrhunderts v. Chr. war die weltumspannende Herrschaft des Gottes Jahwe die Hoffnung der Juden in Jerusalem. Sie erwarteten das Gericht über die Völker am Ende der Geschichte. Bemerkenswert ist, dass in den Versen 10–12 nicht der Gottesname Jahwe, sondern die Bezeichnung *Elohim*, «Gott», gebraucht wird. Jahwe galt als die universale Gottheit schlechthin.

Das Gebet wird in der Überschrift ein «Schiggajon» genannt. Der Begriff, der nur noch ein einziges Mal belegt ist, ebenfalls in der Überschrift eines Psalms (Habakuk 3,1), ist am ehesten als Gattungsbezeichnung zu verstehen. Im Akkadischen bezeichnet *šigû* ein Klagegebet.

In der Situationsangabe der Überschrift überschneiden sich zwei verschiedene Anlässe. «Die Worte des Benjaminiters» scheint sich auf die Episode zu beziehen, als David auf seiner Flucht vor Absalom von dem Benjaminiter Schimi verflucht wurde (2. Samuel 16,7–8). «Die Worte des Kusch» kann die

Nachricht von Absaloms Tod meinen, die ein Kuschiter David überbrachte (2. Samuel 18,31–32). Im ersten Fall wird der Psalm als Rachewunsch verstanden, im zweiten als Klagegebet.

BITTE UM HILFE GEGEN EINEN FEIND

Psalm 13

Wie lange, Jahwe, willst du mich für immer vergessen?
  Wie lange verbirgst du dein Gesicht vor mir?
Wie lange soll ich Gedanken wälzen in meiner Seele,
  Kummer in meinem Herzen täglich?
Wie lange soll mein Feind sich über mich erheben?

Schau her, antworte mir, Jahwe, mein Gott!
  Erleuchte meine Augen,
  dass ich nicht zum Tod entschlafe,
dass nicht mein Feind sage: «Ich habe ihn überwältigt»,
  meine Bedränger jauchzen, weil ich wanke.

Ich aber, ich habe auf deine Huld vertraut.
  Es jauchze mein Herz über deine Hilfe.
«Ich will Jahwe singen, denn er hat an mir gehandelt.»

Dieses Klagegebet bietet das seltene Beispiel eines Psalms, der noch heute in seiner Urgestalt zu lesen ist. Nur die Überschrift «Für den Chorleiter. Zum Saitenspiel. Von David» ist hinzugekommen. Das Gebet gliedert sich in drei Abschnitte von abnehmender Länge. Der erste besteht aus zwei Zweizeilern und einer einfachen Zeile, der zweite und dritte je aus zwei Zweizeilern. Der erste Abschnitt bringt die Klage vor, der zweite die Bitte; im dritten äußert der Beter die Gewissheit, erhört zu werden, und gelobt, Jahwe zu danken.

Die Klage setzt ein mit der drängenden Frage: «Wie lange?» Nicht weniger als vier Mal bringt der Beter sie vor. Ähnlich fragt im sogenannten «sumerischen Hiob» der Beter seinen Gott: «Wie lange wirst du dich nicht um mich kümmern?» Besonders groß ist die Übereinstimmung mit Teilen eines altbabylonischen Gebets an die Göttin Ischtar:

> Wie lange noch, meine Herrin, sehen meine Widersacher mich finster an und planen mit Lügen und Unwahrheiten Böses gegen mich? Meine Verfolger und meine Neider frohlocken über mir! Bis wann noch, meine Herrin, kann der Blöde und der Krüppel an mir vorbeigehen? ... Mein Herz flattert und fliegt hin und her wie ein Vogel des Himmels. ... Wie lange noch zürnst du, meine Herrin, und ist dein Angesicht abgewandt? Wie lange noch bist du, meine Herrin, zornerregt und dein Gemüt ergrimmt? Wende deinen Nacken zurück, den du gleichgültig gegen mich hieltest, und geh auf ein gutes Wort für mich aus!

Noch quälender als das Leid ist die Verunsicherung, die damit einhergeht. Tagtäglich grübelt der Beter, ob Jahwe ihn vergessen haben könnte. Die Vorstellung, dass der Gott sein Gesicht verbirgt, ist der Audienz beim König entlehnt. Wird der Bittsteller vorgelassen, darf er das Gesicht des Königs sehen. Der König lässt sein Gesicht zu dem Bittsteller hin leuchten und ist ihm gnädig (Numeri 6,25). Verbirgt hingegen der König sein Gesicht, so verweigert er die Audienz. Der Beter muss sich fragen: Habe ich die Gunst meines Gottes verloren?

Das Fragen und Grübeln bricht sich Bahn in einem Schrei: «Schau her, antworte mir!» In höchster Bedrängnis appelliert der Beter an Jahwe. Diesmal fügt er hinzu, dass Jahwe sein persönlicher Gott sei und darum zur Hilfe verpflichtet. Eindringlich beschreibt der Beter seine Lage. Er bittet: «Erleuchte meine Augen!» Wenn die Augen dunkel werden, droht der Tod.

Je weiter den Beter das Leben verlässt, desto mehr beherrscht der Feind das Feld. Er ergreift das Wort: «Ich habe ihn überwältigt.» Dasselbe Verb gebraucht Goliath, als er David verhöhnt (1. Samuel 17,9). Es ist ein Zweikampf. Doch der Gegner ist nicht allein. Wie bei David und Goliath kämpfen zwei Vorkämpfer miteinander vor der Schlachtreihe.

Als die Feinde sehen, dass der Beter zu Boden geht, wollen sie schon das Siegesgeschrei erheben, «weil ich wanke». Das Wanken beschreibt eine Urangst. Wie der Beter, so wankt an anderer Stelle die Erdscheibe (Psalm 93,1; 104,5). Die Niederlage wäre mehr als eine persönliche Katastrophe. Die Lebensordnung als Ganze ist bedroht.

An diesem tiefsten Punkt wechselt der Gestus der Rede. Der Beter bekundet sein Gottvertrauen. Es gründet in Jahwes Huld, nämlich der Seite seiner königlichen Macht, die dem Menschen und aller Kreatur helfend zugewandt ist. Mit seinem Gottvertrauen gewinnt der Beter sein Selbstvertrauen zurück. Jetzt sagt er «Ich», und mit Nachdruck. Er sieht voraus, dass sich die Lage vollständig umkehren wird. Mit Hilfe seines Gottes wird er die Oberhand gewinnen. Wie ein Schildträger steht der Gott neben dem Beter und deckt ihn, so dass er siegt. Welche Reichweite das annehmen kann, zeigt die Erzählung vom Untergang der Ägypter im Schilfmeer: «Tretet herzu und seht die Hilfe Jahwes» (Exodus 14,13).

Das Gebet schließt mit dem Versprechen: «Ich will Jahwe singen, denn er hat an mir gehandelt.» Es stimmt aufs Wort überein mit dem Lied, das Mose nach jenem Sieg am Schilfmeer angestimmt haben soll: «Ich will Jahwe singen, denn er erhob sich hoch. Ross und Reiter warf er ins Meer» (Exodus 15,1).

Wahrscheinlich ist der Psalm für den König gedichtet worden, der sich in Notlagen seinem Gott anbefahl. Der Kampf, der beschrieben wird, geht um die Weltordnung, nicht nur um ein persönliches Schicksal. Das schloss nicht aus, dass das Gebet von jedermann in persönlicher Not nachgesprochen werden konnte.

DER KAMPF DES WETTERGOTTES GEGEN DAS MEER

Psalm 18,5–20

Umschlungen hatten mich des Todes Stricke
und des Verderbens Bäche überfielen mich.
Der Unterwelt Stricke hatten mich umfangen,
begegnet waren mir des Todes Fallen.
In meiner Not rief ich Jahwe,
und zu meinem Gott schrie ich.
Er hörte aus seinem Tempel meine Stimme,
und mein Schreien kam in seine Ohren.
Die Erde schwankte und bebte,
und die Grundfesten der Berge zitterten.
Rauch stieg auf in seiner Nase,
und Feuer fraß aus seinem Mund.
Er spannte den Himmel aus und fuhr herab,
Wolkendunkel unter seinen Füßen,
und ritt auf dem Kerub und flog
und schoss einher auf den Flügeln des Sturms,
machte Finsternis zu seinem Versteck,
rings um ihn war Wolkendickicht.
Vor ihm zogen seine Wolken vorüber,
Hagel und feurige Kohlen.
Er sandte seine Pfeile und zersprengte sie,
Blitze in Menge, und verwirrte sie.
Da wurde der Meeresgrund sichtbar,
die Grundfesten des Erdkreises wurden entblößt.
Er langte aus der Höhe, er fasste mich,
er zog mich aus großen Wassern.

Reliefbild eines Kerubs. Orthostat aus Tell Halaf,
10.–9. Jahrhundert v. Chr.

Er entriss mich meinem mächtigen Feind
und meinen Hassern, denn sie waren stärker als ich.
Sie traten mir entgegen am Tag meines Unglücks,
aber Jahwe wurde mir zum Stab.
Er führte mich hinaus ins Weite,
er riss mich heraus, denn er hat Gefallen an mir.

Der Kern dieses Psalms ist ein Fragment, dessen Anfang und Ende fehlen. Vielleicht stammen die acht Doppelzeilen aus einem längeren epischen Gedicht. Verborgen im Gewittersturm nähert sich der Wettergott der Erde. Der finstere Wolkenhimmel ist wie ein schwarzes Zelttuch, das er ausgespannt hat. Auf einem Kerub reitend fliegt er wie ein Raubvogel im Sturm. Er spuckt Feuer, sein Atem ist Rauch. Mit seinem Bogen verschießt er die Blitzpfeile.

Ein Kerub glich dem ägyptischen Sphinx: mit dem Kopf eines Menschen, dem Körper eines Löwen und den Flügeln eines Adlers. Diese unheimlichen und gefährlichen Wesen konnten von Göttern gezähmt und in Dienst genommen werden. Reliefs und Statuen von Keruben schützten den Eingang königlicher Paläste. In der Levante sind stilisierte Throne bezeugt, bei denen zwei Keruben mit ihren Flügeln den Thronsitz formten, auf dem ein Gott oder ein König saß. So kann Jahwe den Titel tragen: «der auf den Keruben thront».

Der Psalm wurde wahrscheinlich beim Neujahrsfest vorgetragen, als der Sieg des Wettergottes über das lebensfeindliche Meer begangen wurde. Der Wettergott blieb zunächst ungenannt. Das Fragment wurde zu einem Dankgebet ausgestaltet und dabei ausdrücklich auf Jahwe bezogen. Der Beter berichtet, wie Jahwe ihn aus Todesgefahr gerettet hat. In höchster Not schrie er zu seinem Gott. Sein Schrei erreichte den Tempel und die Ohren des dort thronenden Jahwe. Der Zorn des Gottes erwachte. Jahwe zog in den Kampf, schlug die Fluten zurück und befreite den Beter aus ihrer Gewalt. Voller Dank bezeugt er: Am Tag seines Unglücks ist ihm Jahwe zum stützenden Stab geworden. Er hat ihn aus notvoller Enge in die Weite geführt.

DANKGEBET NACH DEM SIEG

Psalm 18,30–43

Mit dir renne ich gegen Kriegsvolk an,
und mit meinem Gott springe ich über die Mauer.
Der Gott, der mich mit Kraft umgürtet hat,
ließ meinen Weg eben sein.
Er machte meine Füße den Hirschkühen gleich
und stellte mich auf meine Höhen.
Er lehrte meine Hände für die Schlacht,
dass meine Arme den Bogen spannten.
Und du gabst mir den Schild deiner Rettung,
und dein Zuspruch machte mich groß.
Du gabst meinem Schritt weiten Raum,
und meine Fesseln wankten nicht.
Ich jagte meinen Feinden nach und holte sie ein
und kehrte nicht zurück, bis ich sie aufgerieben hatte.
Ich zerschmetterte sie, dass sie nicht aufstehen konnten,
sie fielen unter meine Füße.
Und du umgürtetest mich mit Kraft für die Schlacht,
ließest unter mich sinken, die sich gegen mich erhoben.
Und meine Feinde ließest du mir den Nacken zukehren,
und meine Hasser vernichtete ich.
Und ich zermalmte sie wie Erdenstaub,
wie Gassenkot zerstampfte ich sie.

Der Kern dieses Gebets liest sich wie eine Siegesstele. Der König berichtet, wie er in die Schlacht zog und das feindliche Kriegsvolk überwältigen konnte. Er hatte sein Gewand mit dem Gür-

Der Kriegsgott Month führt dem Pharao die Arme. Darstellung im Grab Thutmosis' IV., ca. 1397–1388 v. Chr.

tel gerafft und für den Kampf eine Waffe umgeschnallt. Das verstand er so, dass sein Gott ihn mit Kraft umgürtet hat. Der Gott kämpfte an seiner Seite, auch er mit Stärke gegürtet (Psalm 93,1). So wie Hirschkühe trittsicher durch das felsige Gebirge steigen, hat ihn sein Gott auf seine Höhen gestellt. Ganz ähnlich beschreibt der assyrische König Sanherib (705–681 v. Chr.) in einer Inschrift, wie er auf einem Feldzug das höchste Gebirge überwand: «Wo es für meinen Thron zu schwierig war, sprang ich auf meine beiden Füße wie eine Bergziege. Auf die höchsten Berggipfel stieg ich gegen sie hinauf.» Ebenso schreitet auch der Gott Jahwe über die Höhen der Erde und des Meeres (Amos 4,13; Micha 1,3; Hiob 9,8) und lässt seinen König über die Höhen schreiten. Er bahnt ihm den Weg und lässt ihn den Sieg erringen.

Es ist der Gott selbst, der den König im Gebrauch des Bogens unterwiesen hat. Der assyrische Großkönig Assurbanipal (668–627 v. Chr.) sagt in einer Inschrift: «Sie (die großen Götter) lehrten mich die Ausübung von Kampf und Schlacht.» Viele Reliefs stellen den König als Bogenschützen dar. In einer ägyptischen Darstellung führt der Kriegsgott Month dem Pharao die Arme, als dieser den Bogen auf seine Feinde richtet.

In einem Ritual, das für das neuassyrische Reich dokumentiert ist, wurde in Gegenwart des Königs ein Pfeil des Reichsgottes Aššur von mehreren Ritualexperten verschossen: «Der ‹Feldpriester des Nergal› befiehlt: ‹Pfeil des Aššur: Geh hinfort!› Sie schießen den Pfeil in das Herz des Feindes.» Auch in Israel wurde mit dem Bogen des Königs ein Ritual praktiziert. Der König zielte in die Richtung, in der sich das feindliche Heer befand. Ein Prophet legte seine Hände auf die Hände des Königs und befahl ihm zu schießen. Die Flugbahn des Pfeils zeigte, ob die Gottheit den Feldzug zum Sieg führen würde. Der Prophet ruft dem König zu: «Ein Rettungspfeil Jahwes! Ein Rettungspfeil gegen Aram! Du wirst Aram bei Afek schlagen, bis du es aufgerieben hast» (2. Könige 13,17).

Ungezählte Abbildungen aus Ägypten, die von der Gründungszeit des Königtums bis in das erste Jahrtausend v. Chr. reichen, stellen den König dar, wie er mit erhobener Keule einen Feind niederschlägt, den er mit der Linken am Haarschopf gepackt hat. Unterhalb des Königs liegen die toten Feinde, die er bereits niedergeschlagen hat. Genauso drastisch wird am Ende des Psalms der Sieg des Königs ausgemalt.

In einem zweiten Schritt wurde dieser inschriftartige Bericht zu einem Gebet ausgestaltet, das am Tempel seinen Ort gehabt haben kann. Zu Beginn bekennt der König, dass er den Sieg seinem Gott verdankt, und spricht ihn direkt an. Aus der Feststellung, dass der Gott ihn mit Kraft umgürtet hat, wird das Lob: «Du umgürtetest mich mit Kraft für die Schlacht.» Nun dankt der König, dass die Feinde unter seine Füße gefallen sind: «Du ließest unter mich sinken, die sich gegen mich erhoben.»

Das Pfeilorakel hatte dem König den Sieg versprochen. Nun weiß er: «Dein Zuspruch machte mich groß.» Während der König auf die Feinde schoss, deckte ihn der Gott mit dem Schild und hielt ihm den Rücken frei. Mit festen Schritten konnte er gegen das feindliche Kriegsvolk anrennen und die Mauern der gegnerischen Stadt überwinden.

Der Pharao erschlägt seine Feinde. Darstellung auf der Prunkpalette des Königs Narmer, ca. 2850 v. Chr.

Der spätere Psalm 18

1 Für den Chorleiter. Von dem Knecht Jahwes,
von David.
Er sprach zu Jahwe die Worte dieses Liedes am Tag,
als ihn Jahwe aus der Hand all seiner Feinde
und aus der Hand Sauls gerettet hat.
2 Er sprach: ‹ ›
3 Jahwe, mein Fels und meine Burg und mein Befreier,
mein Gott, mein Fels, bei dem ich mich berge,
mein Schild und Horn meiner Rettung, mein Schutz!
4 Gepriesen, rief ich, sei Jahwe,
so wurde ich vor meinen Feinden errettet.
5 *Umschlungen hatten mich des Todes Stricke*
und des Verderbens Bäche überfielen mich.
6 *Der Unterwelt Stricke hatten mich umfangen,*
begegnet waren mir des Todes Fallen.
7 *In meiner Not rief ich Jahwe,*
und zu meinem Gott schrie ich.
Er hörte aus seinem Tempel meine Stimme,
und mein Schreien kam ‹vor ihn› *in seine Ohren.*
8 Die Erde schwankte und bebte,
und die Grundfesten der Berge zitterten,
und sie schwankten, denn es war ihm entbrannt.
9 Rauch stieg auf in seiner Nase,
und Feuer fraß aus seinem Mund,
glühende Kohlen brannten von ihm her.
10 Er spannte den Himmel aus und fuhr herab,
Wolkendunkel unter seinen Füßen,
11 und ritt auf dem Kerub und flog
und schoss einher auf den Flügeln des Sturms,
12 machte Finsternis zu seinem Versteck,
rings um ihn war ‹seine Hütte,
Wasserfinsternis›, Wolkendickicht.
13 ‹Aus dem Glanz› vor ihm zogen seine Wolken vorüber,
Hagel und feurige Kohlen.

14 Und Jahwe ließ im Himmel donnern,
der Höchste ließ seine Stimme erschallen,
Hagel und feurige Kohlen.
15 Er sandte seine Pfeile und zersprengte sie,
Blitze in Menge, und verwirrte sie.
16 Da wurde der Meeresgrund sichtbar,
die Grundfesten des Erdkreises wurden entblößt
vor deinem Schelten, Jahwe,
vor dem Schnauben deines zornigen Atems.
17 *Er langte aus der Höhe, er fasste mich,*
er zog mich aus großen Wassern.
18 *Er entriss mich meinem mächtigen Feind*
und meinen Hassern, denn sie waren stärker als ich.
19 *Sie traten mir entgegen am Tag meines Unglücks,*
aber Jahwe wurde mir zum Stab.
20 *Er führte mich hinaus ins Weite,*
er riss mich heraus, denn er hat Gefallen an mir.
21 Jahwe vergilt mir nach meiner Gerechtigkeit,
nach der Reinheit meiner Hände
gibt er mir zurück.
22 Denn ich habe die Wege Jahwes eingehalten
und nicht gefrevelt gegen meinen Gott.
23 Denn all seine Rechtssätze sind mir vor Augen,
und seine Ordnungen tat ich nicht ab.
24 Und ich war unsträflich bei ihm
und sah mich vor, keine Schuld auf mich zu laden.
25 Da vergalt mir Jahwe nach meiner Gerechtigkeit,
nach der Reinheit meiner Hände vor seinen Augen.
26 Dem Treuen bist du treu,
dem Vollkommenen bist du vollkommen,
27 dem Reinen bist du rein,
und dem Verkehrten bist du falsch.
28 Denn du hilfst einem gedrückten Volk
und hohe Augen erniedrigst du.
29 Denn du lässt meine Lampe leuchten,
Jahwe, mein Gott, erhellt meine Finsternis.

30 ‹Denn› *mit dir renne ich gegen Kriegsvolk an,*
und mit meinem Gott springe ich über die Mauer.
31 Der Gott, dessen Weg eben ist,
– die Rede Jahwes ist geläutert –
ein Schild ist er für alle, die sich bei ihm bergen.
32 Denn wer ist Gott, wenn nicht Jahwe,
und wer ist ein Fels außer unserem Gott?
33 Der Gott, der mich mit Kraft umgürtet hat,
ließ meinen Weg eben sein.
34 Er machte meine Füße den Hirschkühen gleich
und stellte mich auf meine Höhen.
35 Er lehrte meine Hände für die Schlacht,
dass meine Arme den ‹› Bogen spannten.
36 *Und du gabst mir den Schild deiner Rettung,* ‹›
und dein ‹Zuspruch› machte mich groß.
37 *Du gabst meinem Schritt weiten Raum,*
und meine Fesseln wankten nicht.
38 Ich jagte meinen Feinden nach und holte sie ein
und kehrte nicht zurück, bis ich sie aufgerieben hatte.
39 Ich zerschmetterte sie, dass sie nicht aufstehen konnten,
sie fielen unter meine Füße.
40 *Und du umgürtetest mich mit Kraft für die Schlacht,*
ließest unter mich sinken, die sich gegen mich erhoben.
41 *Und meine Feinde ließest du mir den Nacken zukehren,*
und meine Hasser vernichtete ich.
42 Sie schrien um Hilfe, doch es gab keinen Retter,
zu Jahwe, doch er antwortete ihnen nicht.
43 Und ich zermalmte sie wie ‹Erdenstaub›,
wie Gassenkot ‹zerstampfte ich sie›.
44 Du befreitest mich von den Fehden des Volks,
setztest mich ein als Haupt der Völker,
ein Volk, das ich nicht kenne, dient mir.
45 Nach dem Hörensagen gehorchen sie mir,
die Söhne der Fremde schmeicheln mir.
46 Die Söhne der Fremde verschmachten
und kommen zitternd aus ihren Bollwerken.

47 Jahwe lebt! Gepriesen sei mein Fels,
der Gott meiner Rettung ist erhaben!
48 Der Gott, der mir Rachetaten verlieh
und Völker unter mich trat,
49 der mich von meinen Feinden befreit,
ja, der du mich vor denen,
die gegen mich aufstehen, erhebst,
vor dem Gewaltmenschen rettest.
50 Darum will ich dir danken
unter den Völkern, Jahwe,
und deinem Namen aufspielen,
51 der die Rettungen seines Königs großmacht
und seinem Gesalbten Huld erweist,
David und seinen Nachkommen für immer!

Im vorliegenden Psalm stehen das Danklied über die rettende Erscheinung Jahwes im Gewittersturm (Verse 5–20) und das zum Dankgebet ausgestaltete Siegeslied (Verse 30–43) wie ein Diptychon zueinander. Der himmlische Bogenschütze im ersten Teil spiegelt sich in dem königlichen Bogenschützen des zweiten. Die Waffe, die der König trägt, ist dieselbe Waffe, mit der der Gott das Meer besiegt hat. Ein früher Beleg für diese Vorstellung ist ein Brief aus dem Königtum Mari (18. Jahrhundert v. Chr.):

> So spricht Adad: … Ich brachte dich zurück auf den Thron deines Vaterhauses. Ich gab dir die Waffen, mit denen ich das Meer geschlagen habe.

Die beiden vorgegebenen Stücke wurden nicht nur verbunden, sondern auch um etliche Verse ergänzt. Die Erweiterungen lassen erkennen, wie sich die Verehrung Jahwes gewandelt hat. Der Gesamtpsalm, mit einundfünfzig Versen einer der längsten, liest sich wie ein Kompendium der Theologie des Psalters. Er ist in 2. Samuel 22 sogar ein zweites Mal überliefert. Dort weicht der Wortlaut an einigen Stellen ab.

Die Überschrift legt den Psalm David in den Mund. Die geschilderte Rettung wird auf Davids Rettung vor Saul bezogen (1. Samuel 19–24; 26). Der Psalm wird mit einigen geläufigen Bildern eröffnet, wie Jahwe Schutz gewährt und Kraft verleiht. Vers 4 leitet zu dem vorgegebenen Danklied über.

Auf das Danklied folgt eine Begründung. Jahwe habe den Beter gerettet, weil dieser die Gebote bewahrt und sich vor Frevel gehütet hat (Verse 22–25). In einem weiteren Schritt wurde die Rettung darauf zurückgeführt, dass Jahwe den Frommen und den Frevlern ihre Taten vergilt (Verse 21, 26–27). Wie er dem einzelnen Frommen geholfen hat, wird er auch das «gedrückte Volk» retten und die Unterdrücker erniedrigen (Vers 28).

Vers 29 leitet zu dem zweiten Dankgebet über. In Vers 31 und 32 entfalten die Frommen ihr Gottesbild. Jahwes Weg ist eben, er ist der einzige Gott, der sich als Schild und Fels erweist. Wer sich bei ihm birgt, ist vor allen Gefahren geschützt.

Am Schluss des Psalms wurde das Dankgebet in mehreren Schritten erweitert. In Vers 42 sind die Gegner jene Glieder des Gottesvolkes, die wegen ihres bösen Treibens aus Jahwes Gunst gefallen sind. Vergebens schreien sie zu Jahwe. In den Versen 44–47 wird dem König zugesprochen, er habe fremde Völker bezwungen und unterjocht. Das gleicht dem Bild des Weltherrschers, wie es in Psalm 72,8–11 eingefügt wurde. Zuletzt stimmen auch die weltweit verstreuten Juden in das Dankgebet ein. Wie Jahwe dem König Rachetaten ermöglicht hat und ihm Völker unterwarf (Vers 48), so hoffen sie, dass Jahwe sie vor Gewalttätern schützen wird, und erfahren sich darin als die Nachkommen Davids, des Gesalbten Jahwes (Verse 49–51).

WÜNSCHE BEI DER THRONBESTEIGUNG

Psalm 20

Jahwe antworte dir am Tag der Not,
er sende dir Hilfe vom Heiligtum her!
Er gedenke all deiner Opfergaben
und nehme dein Brandopfer an!
Er gebe dir, was dein Herz begehrt,
und erfülle alles, was du vorhast!
Jahwe, hilf deinem König
und erhöre uns am Tag unseres Rufens!

Psalm 20 gehörte wie der eng verwandte Psalm 72 zum Ritual bei der Thronbesteigung sowie bei ihrer jährlichen Begehung am Neujahrsfest. Der Sprecher trug ihn im Auftrag des königlichen Hofes und der Ältesten vor. Der Wunsch «(Jahwe) gebe dir, was dein Herz begehrt» hat in Psalm 21, der unmittelbar folgt, ein Gegenstück. Dort gilt er als erfüllt: «Seinen Herzenswunsch hast du ihm gewährt.»

Solche Wünsche für den König waren allenthalben üblich. Ein Krönungshymnus, der sich fast gleichlautend in Emar und Ugarit gefunden hat, beginnt mit diesen Versen:

> Lebe, mein König! Deine Tage seien lang! Deine Jahre mögen sich erneuern! Enlil, der Unveränderliche, möge dein Geschick festlegen, Ninlil möge dich mit ihrem wohlwollenden Ausspruch segnen! Die Götter des Landes mögen dich segnen, die Herrin der Götter, die große Herrin, möge dich mit Kraft ausstatten!

In Ugarit wandte man sich auch an die vergöttlichten früheren Könige und bat sie um Beistand für den jetzigen Inhaber des Throns:

> Rāpi'u, der verewigte König, möge dich bringen zu deinem Wunsch, zu deinem Erbetenen durch die ... des Rāpi'u, des verewigten Königs, durch die Kraft des Rāpi'u, des verewigten Königs, durch seine Stärke, durch seine Macht, durch seine Herrschaft, durch seinen Glanz.

Für den assyrischen Großkönig Sargon II. (722–705) sind kurze Gebete an einzelne Götter erhalten. So erbat man von dem Süßwassergott Ea:

> Lass für Sargon ... deine Quelltiefen sich öffnen, lass seine Quellen Wasser des reichen Ertrags und der Fülle bringen und seine Flur bewässern! Umfassende Erfahrung und einen weiten Verstand bestimme als sein Geschick; sein Werk vollende, er möge erreichen, worum es ihm geht.

Die Wünsche gelten der Herrschaft des Königs insgesamt. Die Aussicht auf den Tag der Not spricht deshalb keine akute, sondern eine mögliche Notlage an. Immer wenn Not herrscht, möge Jahwe die Opfer des Königs annehmen und ihm vom Tempel her beistehen.

In der letzten Doppelzeile wandelt sich der Wunsch vollends in ein Gebet. Jahwe möge dem König als seinem Vasallen «am Tag unseres Rufens» zur Seite stehen, wenn die Lage eintreten sollte, dass der König um seine Herrschaft kämpfen muss.

Der spätere Psalm

1 Für den Chorleiter. Ein Saitenspiel Davids.
2 Jahwe antworte dir am Tag der Not.
Der Name des Gottes Jakobs schütze dich!
3 Er sende dir Hilfe vom Heiligtum her
und von Zion aus stütze er dich!

4 Er gedenke all deiner Opfergaben
und nehme dein Brandopfer an! SELA
5 Er gebe dir, was dein Herz begehrt,
und erfülle alles, was du vorhast!
6 Wir wollen jubeln über deine Hilfe
und im Namen unsres Gottes erheben wir das Panier.
Jahwe erfülle alle deine Bitten!
7 Jetzt habe ich erkannt,
dass Jahwe seinem Gesalbten hilft.
Er antwortet ihm aus seinem heiligen Himmel
mit Machttaten der Hilfe seiner Rechten.
8 Diese mit Wagen und jene mit Rossen,
wir aber rufen den Namen Jahwes, unseres Gottes, an.
9 Sie gingen in die Knie und sind gefallen,
wir aber sind aufgestanden und hielten stand.
10 Jahwe hilf!
‹Der› König erhöre uns am Tag unseres Rufens.

Nach dem Ende des Königtums wurde der Psalm verändert und erweitert. Das ist im letzten Vers am deutlichsten. Die griechische Übersetzung hat wahrscheinlich die Urfassung bewahrt: «Jahwe, hilf ‹deinem› König ‹und› erhöre uns am Tag unseres Rufens!» Im hebräischen Text steht stattdessen «der König» mit Artikel, sodass sich der Titel auf Jahwe beziehen lässt. Der himmlische König ist an die Stelle des irdischen getreten.

Damit stimmt überein, dass der Kampf gegen die feindlichen Mächte nicht mehr mit Wagen und Rossen geführt wird. Stattdessen wird Jahwe zu Hilfe gerufen, und er allein besiegt die Feinde durch seine Wundermacht (vergleiche Jesaja 31,1). Einen solchen Gotteskampf schildert die Überlieferung von der Vernichtung der Ägypter im Meer (Exodus 14). Ebenso wird im biblischen Buch der Chronik immer wieder die Rettung durch Jahwe erzählt und erhofft, als die jüdische Gemeinschaft in hellenistischer Zeit den Machtkämpfen der Großmächte ausgesetzt war (2. Chronik 13,15; 14,11; 20,15.17.22). Die Tempelgemeinde ist am Kampf Jahwes nicht beteiligt. Sie jubelt über die Hilfe (Exodus 15,21; 2. Chronik 20,19.21), die vom Himmel herab geschieht, und erhebt das Feldzeichen, während ihr Gott mit seiner Rechten die Feinde besiegt (vergleiche Psalm 118,15).

Im Sieg Jahwes wird die Hilfe für seinen Gesalbten offenbar, nämlich für den König aus der David-Dynastie, auf dessen Wiederkehr man wartete. Auch der überarbeitete Psalm bleibt damit ein Glückwunsch für den König, wenn jetzt auch nicht mehr als Teil des Rituals, sondern als Ausdruck der Hoffnung. Weitere Anzeichen für die Spätzeit sind, dass Israel mit dem Patriarchen Jakob gleichgesetzt wird, und die hervorgehobene Bedeutung des Zion als des Sitzes des Gottes Jahwe.

Psalm 20 hat eine nahe Parallele auf dem Papyrus Amherst 63. Der in aramäischer Sprache und demotischer Schrift geschriebene Papyrus stammt aus Oberägypten und ist wahrscheinlich im späten vierten Jahrhundert v. Chr. entstanden.

Es antworte uns El in unserer Bedrängnis!
Es antworte uns Adonaj in unserer Bedrängnis!
Er bereite am Himmel den Glanz!
Sende doch deine Macht von ganz Raša her,
und vom Ṣapon aus helfe uns El!
Es lasse uns erreichen El nach unserem Sinn!
Es lasse uns erreichen Mar nach unserem Sinn!
Jeden Plan (unseres?) Herzens erfülle El!
Es erfülle El – jauchzt, Erlöste Adonajs! – jeden Wunsch unseres Herzens!
Diese mit dem Bogen, diese mit dem Speer –
siehe, uns, uns möge/wird Mar stark machen!
El erhalte unser Volk!
Morgen antworte uns wahrlich Bet-El!
Baʿal Šamayn, Mar, möge dich segnen;
Zu einem deutlichen Zeichen sei dein Segen!

Die Ähnlichkeit ist so groß, dass zwischen den beiden Texten eine Beziehung bestehen muss. Der Papyrus spricht allerdings nicht von Jahwe, sondern von El, Adonaj («mein Herr»), Mar («Herr»), Bet-El und Baʿal Šamayn («Herr des Himmels»). Der Ṣapon-Berg als Sitz des Gottes El ist sowohl in Ugarit als auch in der Bibel bezeugt (Jesaja 14,13). In Psalm 48,3 wird er mit dem Zion gleichgesetzt.

Die aramäische Fassung kann nicht älter sein als der biblische Psalm; denn die Übereinstimmungen beziehen auch Teile der späteren Erweiterungen ein. Wahrscheinlich gehen beide Fassungen auf eine gemeinsame Wurzel zurück und bezeugen je auf ihre Weise, wie lebendig sich die religiöse Poesie in der frühen hellenistischen Zeit entwickelt hat.

DIE FREUDE DES KÖNIGS

Psalm 21

Jahwe, in deiner Kraft freut sich der König,
  und dank deiner Hilfe, wie jauchzt er laut!
Seinen Herzenswunsch hast du ihm gewährt,
  und was seine Lippen begehrten,
  hast du nicht abgeschlagen.
Ja, du kommst ihm entgegen mit Segen an Gutem;
  du setzt auf sein Haupt eine Krone von Gold.

Leben erbat er von dir; du hast es ihm gegeben,
  Länge der Tage für immer und allezeit.
Groß ist seine Ehre dank deiner Hilfe,
  Pracht und Hoheit legst du auf ihn.
Ja, du setzt ihn ein als Segen für alle Zeit,
  du ergötzt ihn mit Freude bei deinem Angesicht.

Deine Hand finde alle deine Feinde,
  deine Rechte finde, die dich hassen.
Mach sie wie einen Feuerofen vor deinem Angesicht,
  dass Feuer sie fresse.
Ihre Frucht tilge von der Erde
  und ihren Samen aus der Mitte der Menschen.
Ja, du lässt sie den Rücken kehren,
  wenn du mit deinem Bogen zielst auf ihr Gesicht.

Dieses Gebet wurde von einer Kultperson bei der feierlichen Inthronisation des Königs und bei deren jährlicher Begehung am Neujahrsfest rezitiert. Es war Teil der rituellen Freude, mit der die Kultteilnehmer und der Hof auf die Königsproklamation antworteten. Der König stimmt in die Freude mit ein. Die Königsfreude galt als eine Gabe, mit der Jahwe den König beglückt. Ein Reflex dieses Rituals findet sich in Jesaja 9,2: «Du hast das Volk vermehrt, hast ‹ihm› groß gemacht die Freude. Sie freuen sich vor deinem Angesicht, wie man sich freut in der Ernte, wie sie jubeln, wenn sie Beute teilen.»

Das Gebet besteht aus drei Abschnitten, die jeweils in eine emphatische Schlussfolgerung münden. Die ersten beiden richten sich als Dank an die Gottheit, der dritte wendet sich als Zuspruch an den König. Vorausgegangen ist eine Fürbitte für den König, wie sie in Psalm 20 und 72 erhalten ist, oder ein eigenes Bittgebet des Königs, wie es von Salomo erzählt wird. Der Gott stellt dem König aus Anlass der Thronbesteigung seine Wünsche frei: «Bitte, was ich dir geben soll!» (1. Könige 3,5).

Herzenswunsch des Königs ist ein langes Leben, denn der Wohlstand des Landes und das sichere Dasein beruhen auf der fortdauernden Stabilität seiner Herrschaft und dem Bestand der Dynastie. Im ugaritischen Aqhat-Epos fordert die Göttin Anat den Kronprinzen mit nahezu denselben Worten auf:

> Wünsche dir Leben, o Aqhat, du Held,
> wünsche dir Leben, und ich will es dir geben,
> Nicht-Tod, und ich will ihn dir gewähren!

Dass der Gott den Wunsch des Königs erfüllen wird, hat der Priester mit Hilfe mantischer Praktiken herausgefunden. Im nächsten Akt des Rituals bestätigt er, dass Jahwe gewährt hat, was die Lippen des Königs begehrten. Ein Beispiel, wie die göttliche Antwort lauten konnte, ist das Orakel, das der assyrische Großkönig Asarhaddon im Auftrag der Göttin Ischtar erhielt:

> Ich bin die Ischtar von Arbela. Asarhaddon, König von Assyrien: In Assur, Ninive, Kalach und Arbela werde ich lange Tage, ewige Jahre dem Asarhaddon, meinem König, geben. Deine große Hebamme bin ich, deine gute Amme bin ich. Für lange Tage, ewige Jahre habe ich deinen Thron unter dem großen Himmel fest aufgestellt.

Der König ist der Amtsträger seines Gottes. Seine Kraft und Hilfe kommt von Jahwe. Von seinem Gott mit Segensfülle beschenkt, wird er zum Mittler für das Wohl des Landes und der Menschen. Das Ritual stellt das dar. Neben der jubelnden Königsfreude werden Einzelheiten einer Investitur erkennbar, das heißt wörtlich: einer «Bekleidung» des Königs mit Insignien. Er wird mit einem goldenen Diadem gekrönt. «Pracht und Hoheit», nach Psalm 104,1 die Kennzeichen des Gottes, werden dem König angelegt wie ein Ornat. Jahwe überträgt ihm seine eigene Aura.

So ausgestattet, erhält der König aus dem Mund des Priesters den Zuspruch Jahwes. Der mögliche Widerstand gegen ihn, der zugleich ein Aufstand gegen die Ordnung des Daseins wäre, wird fruchtlos bleiben, und dies über Generationen hin. Auch dieser Zuspruch ist kein Einzelfall. Ein drastisches Beispiel findet sich in Psalm 2,9:

> Du wirst sie zerschmettern mit eisernem Zepter,
> wie Töpfergeschirr wirst du sie zerschmeißen.

Es ist sogar möglich, dass das Heilswort mit einem Bogenritual verbunden war, in dem der König symbolisch auf das Gesicht des Feindes zielte. Ein solches Ritual ist für den König Joasch von Israel überliefert (siehe zu Psalm 18,30–43, Seite 48–49).

Der spätere Psalm

1 Für den Chorleiter. Ein Saitenspiel Davids.
2 Jahwe, in deiner Kraft freut sich der König,
und dank deiner Hilfe, wie ‹jauchzt› er laut!
3 Seinen Herzenswunsch hast du ihm gewährt,
und was seine Lippen begehrten,
hast du nicht abgeschlagen. SELA
4 Ja, du kommst ihm entgegen mit Segen an Gutem,
du setzt auf sein Haupt eine Krone von Gold.
5 Leben erbat er von dir; du hast es ihm gegeben,
Länge der Tage für immer und allezeit.
6 Groß ist seine Ehre dank deiner Hilfe,
Pracht und Hoheit legst du auf ihn.
7 Ja, du setzt ihn ein als Segen für alle Zeit,
du ergötzt ihn mit Freude bei deinem Angesicht.
8 Denn der König vertraut auf Jahwe,
und dank der Huld des Höchsten wird er nicht wanken.
9 Deine Hand finde alle deine Feinde,
deine Rechte finde, die dich hassen.
10 Mach sie wie einen Feuerofen vor deinem Angesicht.
Jahwe wird sie in seinem Zorn verschlingen,
dass Feuer sie fresse.
11 Ihre Frucht tilge von der Erde
und ihren Samen aus der Mitte der Menschen.
12 Denn sie wandten dir Böses zu,
sie heckten einen Plan aus, mit dem sie scheitern werden.
13 Ja, du lässt sie den Rücken kehren,
wenn du mit deinem Bogen zielst auf ihr Gesicht.
14 Erhebe dich, Jahwe, in deiner Kraft!
Wir wollen singen und spielen deiner Macht.

Als es keinen König mehr gab, las sich auch die zweite Hälfte des Psalms unwillkürlich als Gebet. Das war leicht möglich, weil in Vers 9 der Wechsel vom Dankgebet zum Heilswort an den König nicht gekennzeichnet ist. Im Rahmen des Rituals verstand er sich von selbst. Nun wurde die Zusage für den König, dass er die Gegner vernichten wird, als Bitte an Jahwe gedeutet. Von ihm allein erwartete man die Rettung.

Jahwe wird in Vers 8 nicht mehr angeredet, sondern es wird über ihn gesprochen. Der König gilt jetzt als einer der Frommen. Statt die Gegner zu bedrohen und zu bekämpfen, ist seine wichtigste Eigenschaft, dass er sich auf Jahwe verlässt. Die Sicherheit, die ihn nicht wanken lässt, beruht weder auf eigener noch auf übereigneter Macht, sondern auf der Huld des höchsten Gottes. Das Ende der Gegner im Feuer wird nun so verstanden, dass Jahwes Zorn die Gegner verschlingen wird, wenn der Gott in der Theophanie sein Gesicht zeigt.

Ein nachgetragener Schluss nimmt die Stichworte des Anfangs wie ein Rahmen auf: «Erhebe dich, Jahwe, in deiner Kraft.» Jahwe übereignet seine Kraft nicht mehr dem König, sondern wird aufgefordert, selbst einzugreifen. Der Aufruf erinnert an den Spruch Numeri 10,35: «Steh auf, Jahwe, dass deine Feinde sich zerstreuen, und vor deinem Angesicht fliehen, die dich hassen!» Am Ende der Geschichte wird Jahwe alle seine Gegner vernichten. In diesem Kampf werden die Frommen Zeugen und Nutznießer sein. Schon jetzt versprechen sie ihren Dank: «Wir wollen singen und spielen deiner Macht.»

JAHWE, MEIN HIRTE

Psalm 23

Jahwe ist mein Hirte,
ich habe keinen Mangel.
Auf Auen von frischem Grün lässt er mich lagern,
zu Wassern der Ruhe leitet er mich.
Meine Lebenskraft bringt er zurück,
er führt mich auf Bahnen der Gerechtigkeit.
Selbst wenn ich gehe im Tal der Todesschatten,
fürchte ich nichts Böses.
Denn du bist bei mir,
dein Zepter und dein Stab, sie führen mich.
Du richtest vor mir einen Tisch her
gegenüber meinen Widersachern.
Du hast mein Haupt mit Öl gefettet,
mein Becher ist Überfluss.
Nur Gutes und Huld verfolgen mich
für alle Zeit.

Der Psalm beginnt mit dem Bekenntnis «Jahwe ist mein Hirte», so wie «Jahwe ist König (geworden)» die Psalmen 93 und 97 eröffnet. Die Gleichsetzung Jahwes mit einem Hirten folgt aus der Rolle des göttlichen Königs. Das fand sich im alten Vorderen Orient wie auch in Ägypten allenthalben. Die Könige sahen sich als die Hirten ihrer Länder und übertrugen diese Rolle auf die Götter, als deren Vasallen sie sich verstanden. Mit dem Bekenntnis «Jahwe ist mein Hirte» bekundet und erneuert der König seine Loyalität gegenüber Jahwe.

Die Erwartung, dass es ihm an nichts fehlen wird, kleidet er folgerichtig in das Bild des Hirten, der seine Herde versorgt. Wenn es der Gott ist, der die Rolle des Hirten einnimmt, gedeiht die Herde besonders kräftig: Die Auen von frischem Grün sind mehr als der spärliche Bewuchs der Steppe oder die abgeernteten Felder, mit denen die Herden üblicherweise vorliebnehmen mussten. In dem Ausdruck «Wasser der Ruhe» klingt an, dass der Gott die wütenden Chaoswasser besiegt und gezähmt hat, sodass sie fortan als Lebensquell dienen können.

Wie der Hirt für die Herde, sorgt der Gott dafür, dass es den Menschen an nichts fehlt. Ein Hymnus für den ägyptischen Amun-Re beschreibt es so:

> Amun, du Hirte, der die Herde früh ausführt,
> der die Leidenden zum Kraute treibt!
> Der Hirt treibt die Rinder zum Kraut –
> Amun, du treibst die Leidenden zum Brot.
> Denn Amun ist ein Hirte, der nicht ermattet.

Im Buch Deuterojesaja sind ähnliche Bilder für den Gott Jahwe überliefert:

> Wie ein Hirte wird er seine Herde weiden.
> Mit seinem Arm wird er sammeln,
> die Lämmer wird er an seiner Brust tragen,
> die Säugenden wird er leiten. (Jesaja 40,11)

> Sie werden weder hungern noch dürsten,
> weder Gluthitze noch Sonne wird sie stechen;
> denn ihr Erbarmer wird sie leiten
> und zu Wasserquellen führen. (Jesaja 49,10)

Unüblich ist allerdings, dass diese Sorge einem Individuum gilt. Die Rolle des Hirten wird sonst immer auf die Herde bezogen. Dieser Einzelne kann deshalb nur derjenige sein, der stellvertretend für das Gemeinwesen steht, nämlich der König.

Das zeigt sich auch in der nächsten Zeile, wo das Bild des Hirten verlassen wird: «Meine Lebenskraft bringt er zurück.» Die Rückkehr der Lebenskraft setzt voraus, dass sie verloren war. Eine Notlage ist aber nicht angedeutet. So wird man stattdessen daran erinnert, dass der Wettergott im Wechsel der Jahreszeiten seine Lebenskraft verliert, die er im Herbst wiedergewinnt, wenn mit der Wiederkehr des Regens das Jahr beginnt. In übertragener Weise gilt dasselbe für den König, dessen Thronbesteigung bei diesem Anlass begangen wird.

Mit der Thronbesteigung ist die Übertragung der Amtsgeschäfte verbunden. Deren Grundlage und Ziel ist die Gerechtigkeit, das heißt die Ordnung des Zusammenlebens. Deshalb lautet die Fürbitte bei der Inthronisation: «Jahwe, gib deine Gerechtigkeit dem Königssohn!» (Psalm 72,1), und die Erwartung des Königs: «Er führt mich auf Bahnen der Gerechtigkeit.» Das Wort *maʿgāl*, das hier mit «Bahnen» wiedergegeben wird, meint die gespurten Wege, auf denen die Wagen fahren.

Unter dieser Voraussetzung gewinnt das übliche Bekenntnis «Ich fürchte mich nicht» (Psalm 3,7; 56,5.12; 118,6) besondere Gewissheit. So groß ist die von Jahwe bewirkte Zuversicht, dass sie sich sogar im Tal der Todesschatten bewährt, am Eingang zur Totenwelt. Als der Beter sich umwendet, erkennt er, dass nicht die Dämonen hinter ihm her sind, sondern dass er von der Huld Jahwes verfolgt wird: «Ich fürchte nichts Böses, nur Gutes und Huld verfolgen mich.» Die Partikel *ʾak* «nur» macht den Kontrast eindeutig. Dabei treten Gutes und Huld nahezu als eigene Wirkgrößen auf.

Die Erfahrung des Guten wird keine vorübergehende sein. Sie gilt fortan für immer, weil Jahwe die Chaoswasser «für alle Zeit» besiegt hat. Diese Zeitangabe steht am Ende von Psalm 23 nicht anders als am Ende von Psalm 93. Derselbe Ausdruck, wörtlich «die Länge der Tage», meint in dem Wunsch Psalm 21,5 die Lebenszeit des Königs.

Mit der fünften Doppelzeile wechselt das Bekenntnis in die Anrede und wird zum Gebet. Die drei Doppelzeilen, die in diesem Gestus stehen, zertrennen das Gegensatzpaar «nichts Böses, nur Gutes». Sie haben nicht zur ursprünglichen Komposition gehört. Am Übergang ist auch das poetische Ebenmaß gestört. Die hinzugefügten Aussagen sind gleichwohl alt. Sie unterstreichen das enge Verhältnis, das den königlichen Beter mit seinem Gott verbindet. Er begründet seine Furchtlosigkeit mit dem Beistand Jahwes, so als hätte er ein Orakel erhalten wie: «Fürchte dich nicht, denn ich bin bei dir!» (Jesaja 41,10; 43,5). Die Vorstellung des Hirten wird beibehalten, der mit seinem Stab die Tiere lenkt und schützt. Das Zepter ist aber auch das Insignium der königlichen Macht. Bei der Inthronisation wird dem König versprochen: «Dein Thron wird immer und allezeit bleiben, ein Zepter des Rechts ist das Zepter deines Königtums» (Psalm 45,7). «Du wirst (die Feinde) zerschmettern mit eisernem Zepter» (Psalm 2,9). «Das Zepter deiner Kraft herrsche inmitten deiner Feinde» (Psalm 110,2).

Darauf folgt ein festliches Mahl. Im kultischen Rahmen, der hier vorausgesetzt ist, fällt auf, dass nicht der Mensch vor dem Gott den Tisch zurüstet, sondern umgekehrt der Gott vor dem Menschen. Jahwe handelt als ein König, der seinen Vasallen dadurch auszeichnet, dass er ihn an seinen Tisch zieht. So ist es von Saul gegenüber David (1. Samuel 20,29) und von dem babylonischen Großkönig Amel-Marduk gegenüber König Jojachin berichtet (2. Könige 25,29). Diese Auszeichnung geschieht unter den Augen der Rivalen, die Jahwe eben damit zurücksetzt.

Unter den Elfenbein-Schnitzereien aus der späten Bronzezeit, die sich in Megiddo gefunden haben, gibt es eine Darstellung, die den König vor einem Tisch sitzend zeigt, auf dem Brote und Opferfleisch liegen. Dem König wird ein Becher gereicht. In der Mitte steht auf einem Ständer ein Gefäß mit Rauschtrank, von dem auch die gegenüber sitzenden Notabeln trinken dürfen.

Ein anderes Elfenbein, ebenfalls aus Megiddo, zeigt den König auf einem Sphingenthron, in der Hand eine Trinkschale. Der festliche Rahmen ist durch einen Leierspieler angedeutet. Hier fehlt der Tisch, doch der König trinkt «gegenüber seinen Widersachern», die ihm von einem Krieger, der Lanze und

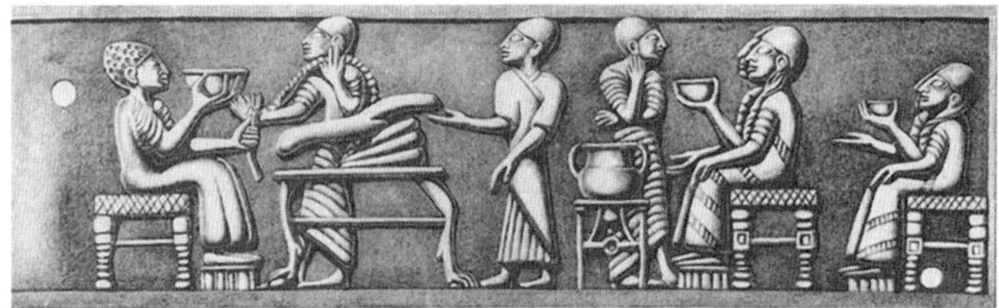

Der König an einem Tisch mit Broten und Opferfleisch. Elfenbein aus Megiddo, ca. 1350–1150 v. Chr.

Der König auf einem Sphingenthron. Elfenbein aus Megiddo, ca. 1350–1150 v. Chr.

Rundschild trägt, als nackte Gefangene vorgeführt werden, die an einen Streitwagen gefesselt sind.

Im Rahmen eines solchen rituellen Mahls bedeutet die Salbung des Kopfes mit Öl mehr als eine körperliche Wohltat. Der älteste Beleg für ein solches Ritual findet sich in einem Brief aus dem am Oberlauf des Eufrat gelegenen Königtum Mari (18. Jahrhundert v. Chr.). Darin wird ein Spruch des Wettergottes Adad von Aleppo zitiert, der von einem Propheten verkündet wurde:

> So spricht Adad: … Mit dem Öl meines Schreckensglanzes habe ich dich gesalbt. Niemand hat sich gegen dein Angesicht gestellt.

Die Salbung war der Rechtsakt, mit dem die Notabeln dem König ihre Souveränität übertrugen (Richter 9,8; 2. Samuel 2,4; 5,3; 1. Könige 1,39). Der Gott macht sich diesen Akt zu eigen. Auch er setzt den König in sein Amt ein (2. Könige 9,12).

Der spätere Psalm

1 Ein Saitenspiel Davids.
Jahwe ist mein Hirte.
Ich habe keinen Mangel.
2 Auf Auen von frischem Grün lässt er mich lagern,
zu Wassern der Ruhe leitet er mich.
3 Meine Lebenskraft bringt er zurück.
Er führt mich auf Bahnen der Gerechtigkeit
um seines Namens willen.
4 Auch wenn ich gehe im Tal der Todesschatten,
fürchte ich nichts Böses.
Denn du bist bei mir,
dein Zepter und dein Stab, sie ‹führen mich›.
5 *Du richtest vor mir einen Tisch her*
gegenüber meinen Widersachern.
Du hast mein Haupt mit Öl gefettet,
mein Becher ist Überfluss.
6 Nur Gutes und Huld verfolgen mich
alle Tage meines Lebens,
und ich werde ‹wohnen› im Hause Jahwes
für alle Zeit.

Die Überschrift «Ein Saitenspiel Davids» ist für Psalm 23 besonders treffend, zumal David vor seinem Aufstieg zum König ein Schafhirt gewesen sein soll (1. Samuel 16,11).

Dass Jahwe den Beter auf Bahnen der Gerechtigkeit leiten will, wurde nachträglich damit begründet, dass er es «um seines Namens willen» tut. Die Gerechtigkeit gehört zu seiner göttlichen Identität. Jahwe hilft dem König, weil er sich selbst treu bleiben will. Die Wendung ist durchgehend aus späterer Zeit bezeugt, als das Judentum sich in einem gemischt-religiösen Umfeld vorfand. Seither wurde die Identität des Gottes Jahwe wesentlich.

Die letzte Doppelzeile wurde um einen Wunsch ergänzt, der sich wörtlich gleich auch in Psalm 27,4 findet: «dass ich wohne im Hause Jahwes alle Tage meines Lebens». Der Satz hat vermutlich zunächst am Rand der Kolumne gestanden. Er wurde erläuternd mitten in die ältere Doppelzeile gesetzt, sodass «Gutes und Huld» sich mit dem Dasein im Tempel verbinden. Dabei wurden die Satzglieder vertauscht. Die Sehnsucht nach dem Tempel in Jerusalem als dem Ort der Gottesnähe bestimmte die weltweite jüdische Diaspora in hellenistischer Zeit.

ZWEI LIEDER ZUM NEUJAHRSFEST

Psalm 24

Jahwe gehört die Erde und was sie füllt,
der Erdkreis und die darauf wohnen.
Denn er ist es, der sie über den Meeren gegründet hat
und sie über den Strömen befestigt.

*

Erhebt, ihr Tore, eure Häupter,
und erhebt euch, ihr Tore der Urzeit,
dass der König der Ehre einziehe!
Wer ist der König der Ehre?
Es ist Jahwe, ein Starker und ein Held,
Jahwe, ein Kriegsheld.
Erhebt, ihr Tore, eure Häupter,
und erhebt euch, ihr Tore der Urzeit,
dass der König der Ehre einziehe!
Wer ist er, der König der Ehre?
Es ist Jahwe der Heerscharen;
er ist der König der Ehre.

Psalm 24 ist aus mehreren selbständigen Stücken zusammengesetzt. Am Anfang steht ein Bekenntnis. Wie jedes größere Bauwerk bedarf auch das Festland eines stabilen Fundaments. Jahwe selbst hat es gelegt. Ebenso wie eine Stadt gegründet ist (Psalm 48,12; 107,36), so ist auch die Erde auf festen Grund gesetzt. Den einleitenden Satz könnte man auch so übersetzen: «Jahwe ist es, dem die Erde gehört.» Damit wird den anderen

Göttern der Anspruch auf Eigentum bestritten. Dass Jahwe das ältere Recht besitzt, leitet sich ab von seiner Tätigkeit als Baumeister. Die Gründung der Erde geschah über den Wassern und über den Strömen. Gemeint ist das chaotische Urmeer, das die Erdscheibe seitlich und auch unterhalb umgibt. Was in der Übersetzung mit «über» wiedergegeben wird, kann auch «gegen» bedeuten. Der Kampf gegen das Meer und die Ströme wird über den Wechsel der Jahreszeiten hinaus zu einem wahrhaft fundamentalen Geschehen. Jahwes Sieg hat die Weltordnung dem Chaos abgerungen und sichert laufend und dauerhaft ihren Bestand.

Das zweite Stück ist eine Wechselrede aus vier Dreizeilern. Zweimal fragen die Torwächter, wer Einlass begehrt. Nach einer zweiten, nachdrücklichen Antwort, so darf man ergänzen, zieht der König der Ehre ein. Es sind die Tore, die aufgefordert werden, nicht die Wächter. Sie sollen auch nicht sich selbst heben, sondern ihre Häupter. Das Haupt kann erheben, wessen Not ein Ende hat oder wer freigesprochen wird. So erfährt es Jojachin, der letzte überlebende König von Juda, als er vom babylonischen Großkönig aus dem Kerker entlassen wird (2. Könige 25,27). So erfährt es der Mundschenk des Pharao, als er aus dem Gefängnis wieder zu Ehren kommt (Genesis 40,13). Im Ägyptischen kann das Aufheben des Kopfes die Genesung von Krankheit bedeuten. Im ugaritischen Kirtu-Epos zeigen die Bauern ihre Erleichterung, als der Regen wiederkehrt: «Es hoben den Kopf die Pflüger, nach oben die Kornbauern.» Im Baʿal-Zyklus fordert Baʿal die Götter auf, ihre Häupter zu erheben, bevor er gegen den Meeresgott Jammu in den Kampf zieht:

Erhebt, ihr Götter, eure Häupter,
von euren Knien,
von den Thronen eures Fürstentums!

Wer in die Stadt wollte, musste durchs Tor. Das Tor war der imponierendste Teil der Befestigung, bisweilen das einzige öffentliche Gebäude. Dort fanden die Gerichtsverhandlungen statt.

Deshalb steht das Tor für die Stadt. Die Tore hatten ihren Kopf gesenkt, weil die Stadt ihren König entbehren musste. «Juda trauert, und seine Tore verschmachten, sind niedergedrückt zur Erde» (Jeremia 14,1–2). Ins Mythische übertragen: Mit Beginn der Trockenzeit im Frühjahr verließ Jahwe seine Stadt. Wenn im Herbst die Vegetationsperiode begann, überwand er den Meeresgott im Gewittersturm. Als Sieger zog er heran.

Solange der König abwesend war, waren die Tore verschlossen. Die Frage, wer Einlass begehrt, kommt nicht von ungefähr. Denn es könnte der Gegner sein, der den angestammten König besiegt hat und nun die Stadt zur Beute nehmen will. Erst als die Antwort – wie ein Zeugnis vor Gericht – wiederholt wird, glaubt man die erlösende Kunde: «Es ist Jahwe der Heerscharen; er ist der König der Ehre.» Jahwe teilt den Titel «(Gott) der Heerscharen» unter anderem mit dem hethitischen Wettergott des Heeres. Wenn auf der Erde der König in den Krieg zieht, mobilisiert der Gott das himmlische Heer.

Die Nachricht vom Sieg ist die Kunde «des Freudenboten, der da Frieden verkündet, gute Botschaft bringt, Rettung verkündet, der da sagt zu Zion: Dein Gott ist König geworden!» Dem jubeln die Wächter mit lauter Stimme entgegen, «denn Auge in Auge werden sie sehen, dass Jahwe nach Zion zurückkehrt» (Jesaja 52,7–8).

Der Sieg Jahwes wurde nicht nur erzählt, sondern begangen. Wahrscheinlich sind die zwei Lieder Teil der Liturgie gewesen, die am Neujahrsfest den Einzug des Gottes in die Stadt und in sein Heiligtum inszeniert hat.

Der spätere Psalm

1 Von David. Ein Saitenspiel.
Jahwe gehört die Erde und was sie füllt,
der Erdkreis und die darauf wohnen.
2 Denn er ist es, der sie über den Meeren gegründet hat
und sie über den Strömen befestigt.

3 Wer darf hinaufsteigen auf Jahwes Berg,
und wer darf stehen am Ort seines Heiligtums?
4 Wer unschuldige Hände hat und reines Herzens ist,
dass er meine Seele nicht zu Nichtigem erhebt
und nicht falsch geschworen hat,
5 der wird Segen von Jahwe davontragen
und Gerechtigkeit von dem Gott seines Heils.
6 Das ist das Geschlecht ‹derer, die nach ihm fragen›,
die dein Antlitz suchen: Jakob. SELA
7 Erhebt, ihr Tore, eure Häupter,
und erhebt euch, ihr Tore der Urzeit,
dass der König der Ehre einziehe!
8 Wer ist der König der Ehre?
Es ist Jahwe, ein Starker und ein Held,
Jahwe, ein Kriegsheld.
9 Erhebt, ihr Tore, eure Häupter,
‹und erhebt euch›, ihr Tore der Urzeit,
dass der König der Ehre einziehe!
10 Wer ist er, der König der Ehre?
Es ist Jahwe der Heerscharen;
er ist der König der Ehre. SELA

Die Sicherung der Weltordnung obliegt zwar dem Gott, ist aber auch auf die Menschen angewiesen. Das galt vornehmlich für den König, der sich bei der jährlichen Feier der Thronbesteigung verpflichtete, für Recht und Ordnung zu sorgen. Nachdem das Königtum untergegangen war, ging diese Pflicht auf jedermann über. Die Frage, die einst dem Einzug des Gottes galt, betraf nun die Teilnehmer am Kult: «Wer darf hinaufsteigen auf Jahwes Berg?» Ein bedingter Segensspruch, der einmal für sich bestanden haben kann, gibt die Antwort:

Wer unschuldige Hände hat und reines Herzens ist
und nicht falsch geschworen hat,
der wird Segen von Jahwe davontragen
und Gerechtigkeit von dem Gott seines Heils.

Die Hände, das Herz und der schwörende Mund «erfassen den Menschen als ethisches Subjekt in den drei Grundbereichen des Handelns, Denkens und Redens» (Hermann Spieckermann). Nachträglich wurde die Forderung um einen Verweis auf das zweite Gebot des Dekalogs ergänzt, das verbietet, (den Namen) Jahwe(s) für Nichtiges zu gebrauchen. Gemeint ist der falsche Eid vor Gericht. Zuletzt haben die Frommen, die das Endgericht erwarteten, sich in den genannten Bedingungen wiedererkannt. Sie sind es, die nach Jahwe fragen, und sie verstehen sich als das wahre Israel: «Jakob».

IN DER ERWARTUNG EINES GOTTESURTEILS

Psalm 26

Schaffe mir Recht, Jahwe!
Denn ich, ich bin in Unschuld gewandelt.
Prüfe mich, Jahwe, und erprobe mich,
läutere meine Nieren und mein Herz!
Ich wasche in Unschuld meine Hände
und umwandle deinen Altar,
hören zu lassen mit lauter Stimme das Danklied
und zu erzählen alle deine Wunder.

Der Sprecher sieht sich zu Unrecht beschuldigt. In seiner Bedrängnis hat er die Kultstätte aufgesucht. Er will seine Unschuld bestätigt sehen. Weil es öffentliche Strafverfolgung nur in Sonderfällen gab, vielmehr die Verfolgung des Täters bei dem Geschädigten oder seiner Familie lag, galt die Unschuldsvermutung nicht in derselben Strenge wie im modernen Gerichtswesen. Zudem kam es vor, dass die Beweisaufnahme zu keinem eindeutigen Ergebnis kam. Da half ein Gottesentscheid an der Kultstätte. Das Heiligtum war für den Beschuldigten zugleich Asylort, an dem er Schutz vor Verfolgung genoss, bis seine Schuld oder Unschuld erwiesen war.

Das Gebetsformular ist die Einleitung zu einer rituellen Gottesprobe. Weitere Beispiele dafür sind die Psalmen 5, 7 und 17. Die sprichwörtlich gewordene Wendung «auf Herz und Nieren prüfen» hat hier in Psalm 26 ihren ältesten Beleg. Das Herz galt als der Sitz des Verstandes und des Willens, die Nieren als der

Sitz der Gefühle und des Gewissens. Das Bild des Läuterns stammt aus der Metallurgie. Edelmetalle wie Gold und Silber wurden eingeschmolzen, um ihre Reinheit zu steigern. Der Beter ist bereit, sich einer harten Probe zu unterziehen.

Er kam nicht mit leeren Händen. Der Altar wird erwähnt, an dem ein Opfer dargebracht wurde. Vielleicht nahm ein Priester die Eingeweide in Augenschein, um daraus auf Schuld oder Unschuld zu schließen. Einzelheiten eines Rituals deuten sich an, bei dem der Beschuldigte die Hände wusch. Ähnliches ist vorgesehen, wenn auf freiem Feld ein Mord geschehen ist und man den Täter nicht kennt. Die Ältesten der nächstgelegenen Ortschaft sollen eine junge Kuh opfern, über dem toten Tier ihre Hände waschen und dabei ihre Unschuld erklären (Deuteronomium 21,1–9). Zum Ritual gehörte, dass der Beschuldigte den Altar umrundete. Im Bewusstsein seiner Unschuld nimmt er den günstigen Ausgang vorweg: Er gelobt, Jahwe öffentlich zu danken und seine Wundertaten zu preisen.

Der spätere Psalm

1 Von David.
Schaffe mir Recht, Jahwe!
Denn ich, ich bin in Unschuld gewandelt.
Und auf Jahwe vertraue ich,
ohne zu wanken.
2 Prüfe mich, Jahwe, und erprobe mich,
läutere meine Nieren und mein Herz!
3 Denn deine Huld steht mir vor Augen,
und ich wandle in deiner Treue.
4 Ich saß nicht bei den meineidigen Leuten,
und bei den Hinterlistigen trete ich nicht ein.
5 Ich hasse die Versammlung der Bösewichte,
und bei den Frevlern sitze ich nicht.
6 Ich wasche in Unschuld meine Hände
und umwandle deinen Altar, ‹Jahwe›,

7 hören zu lassen mit lauter Stimme das Danklied
und zu erzählen alle deine Wunder.
8 Jahwe, ich liebe die Wohnung deines Hauses
und die Stätte, wo deine Ehre wohnt.
9 Raffe nicht mit den Sündern meine Seele dahin
noch mit den Blutmenschen mein Leben,
10 an deren Händen Schandtat klebt
und deren Rechte mit Bestechung gefüllt ist.
11 Ich aber, ich will in Unschuld wandeln.
Löse mich aus und sei mir gnädig!
12 Mein Fuß tritt auf ebenen Grund.
In den Versammlungen will ich ‹dich› preisen, Jahwe.

Auf das Gelübde folgt in Vers 8 mit einer neuen Gebets-Anrede ein weiteres Bekenntnis, diesmal nicht der Unschuld, sondern der Verbundenheit mit dem Heiligtum. Es setzt sich in Vers 12 fort und beschließt den Psalm mit einem zweiten Gelübde: «Mein Fuß tritt auf ebenen Grund. In den Versammlungen will ich dich preisen, Jahwe.» Die Rechtssicherheit, die der Beter im Tempel erwartet, wird jetzt in einem grundsätzlichen Sinne verstanden. Sein ganzes Dasein steht dort in der Gemeinschaft der Kultteilnehmer auf sicherem Boden.

Das Bekenntnis zum Tempel erinnert fast wörtlich an Psalm 84, der durch Martin Luthers Übersetzung und Johannes Brahms' Vertonung (Ein deutsches Requiem op. 45) berühmt geworden ist: «Wie lieblich sind deine Wohnungen, Herr Zebaoth! Meine Seele verlangt und sehnt sich nach den Vorhöfen des Herrn. Wohl denen, die in deinem Hause wohnen; die loben dich immerdar.» Aus diesen Zeilen spricht eine heftige Sehnsucht nach der Nähe Gottes und nach der Geborgenheit unter Gleichgesinnten, wie sie am Tempel erlebt wurde. Wer so spricht, hat nicht jederzeit Gelegenheit, den Tempel aufzusuchen.

Durch dieses Bekenntnis wurde das Gebetsformular zu einem Pilgerlied. Die Sichtweise ist die der jüdischen Diaspora. Das findet sich im Buch der Psalmen auch sonst. Sogleich in

Psalm 27 kehrt das Motiv wieder, auch dort ergänzt: «Dass ich wohnen kann im Hause Jahwes alle Tage meines Lebens» (Psalm 27,4). Ähnlich lautet die Hoffnung, die am Ende des 23. Psalms ausgesprochen wird: «Ich werde wohnen im Hause Jahwes für alle Zeit.»

Auf einer noch jüngeren Ebene bekennt der Beter sein unverwandtes Gottvertrauen. Dabei geht es nicht wie in der kultischen Gerichtsverhandlung um den Erweis seiner Unschuld. Er führt sein ganzes Leben im Vertrauen auf Jahwes Huld und Treue. Dieses Gottvertrauen geht mit dem Bedürfnis einher, sich abzugrenzen. Mit Nachdruck behauptet der Beter, die Meineidigen, Hinterlistigen, Bösewichte und Frevler zu hassen. Die Vierzahl drückt die Gesamtheit aus. Die Beteuerung, bei solchen Menschen weder gesessen zu haben noch sitzen zu wollen, gleicht dem Proömium des Buchs der Psalmen in Psalm 1: «Wohl dem, der nicht … sitzt, wo die Spötter sitzen.» Die Beteuerung der Unschuld erinnert an den Reinigungseid, wie er in Hiob 31 und für das ägyptische Totengericht belegt ist:

> Ich habe kein Unrecht gegen Menschen begangen. Ich habe das Vieh (Gottes) nicht in Not gebracht. Ich habe keine Unzucht getrieben an der Stätte der Wahrheit. Ich kenne nicht, was nicht existiert. Ich habe nicht Böses getan …

Schuld oder Unschuld entscheiden sich auf dieser Ebene nicht mehr im Rahmen der kultischen Gerichtsbarkeit. Ein kommendes Weltgericht wird die Ungerechtigkeiten der Geschichte wie des einzelnen Schicksals zurechtrücken. Die Frevler werden bestraft werden und die Frommen gerechtfertigt. Voraussetzung ist, dass die Frommen sich von den Frevlern so deutlich unterscheiden, dass sie auch für Gott unverwechselbar sind. Um sich abzugrenzen, bekräftigt der Beter noch einmal seine Unschuld. Er ändert aber das Tempus, so dass aus dem Bekenntnis des alten Formulars jetzt eine Beteuerung wird: «Ich aber, ich will in Unschuld wandeln.» Er fügt hinzu: «Löse mich aus und sei mir gnädig!» Angesichts des alle bedrohenden Gerichts sucht der Fromme seine Zuflucht nicht bei der eigenen Rechtschaffenheit, sondern in Gottes Erbarmen.

DES SIEGES GEWISS

Psalm 27A

Jahwe ist mein Licht und meine Rettung,
  vor wem sollte ich mich fürchten?
Jahwe ist die Festung für mein Leben,
  vor wem sollte mir grauen?
Mag ein Heer mich belagern,
  mein Herz fürchtet sich nicht.
Mag ein Krieg gegen mich ausbrechen,
  darin bleibe ich voll Zuversicht.
Denn er birgt mich in einer Hütte,
  auf einen Felsen hebt er mich empor.
Und nun erhebt sich mein Haupt
  über meine Feinde rings um mich her.

Der Sprecher äußert sein rückhaltloses Vertrauen in den Gott Jahwe. In der akuten Krise ist sein Gott seine Rettung. Als Licht ist Jahwe die Bedingung des Lebens schlechthin (Psalm 36,10). Das Wort *mā'ôz* «Festung», das oft mit «Zuversicht» wiedergegeben wird, bezeichnet eine Fliehburg, in der man sich in Sicherheit bringen kann. Das Bekenntnis «Jahwe ist mein Licht» ist in Personennamen wie Uria, Uri, Uriel, Jah'or häufig belegt, sowohl in der Bibel als auch inschriftlich. Es entspricht Aussagen wie «Jahwe ist mein Hirte» (Psalm 23,1) und «Jahwe ist König geworden» (Psalm 93,1; 97,1).

Sprecher ist auch diesmal der König. Er hat Jahwe seine bedrängte Lage geschildert und ihn um Beistand gebeten. Wahrscheinlich hat er eine Opfergabe dargebracht. Darauf hat der

Gott durch einen Kultpropheten gesprochen. Ein solches Orakel konnte lauten: «Fürchte dich nicht, denn ich bin mit dir. Hab keine Angst, denn ich bin dein Gott!» (Jesaja 41,10) Der König nimmt diese Zusicherung auf und spiegelt sie aufs Wort: «Ich fürchte mich nicht; vor wem sollte mir grauen?» Ähnliche Aussagen finden sich auf ägyptischen Skarabäen aus der Zeit der 19./20. Dynastie (14.–12. Jahrhundert v. Chr.), die man als Schutzamulette mit sich trug: «Amun ist mein Schutz.» «Amun ist hinter mir. Ich fürchte nichts.» «Es gibt keine Zuflucht für das Herz außer Amun.»

Der Sprecher sieht einen möglichen feindlichen Angriff voraus: «Mag ein Heer mich belagern.» So kann nur der König gesprochen haben. Sein Ich repräsentiert das Gemeinwesen. Durch seinen Gott bestärkt, bekundet er, dass er sich den Gegnern gewachsen sieht: «Mein Herz fürchtet sich nicht.» Jahwe wird dem König Deckung geben oder ihm auf einen Fliehfelsen verhelfen. Dort wird er in Siegerpose stehen und seine geschlagenen Gegner in jeder Hinsicht überragen: «Und nun wird sich mein Haupt erheben über meine Feinde rings um mich her» (vergleiche Psalm 3,4; 24,7.9).

Es ist leicht vorstellbar, wann ein solches Bekenntnis gesprochen worden sein kann. Bei öffentlicher Gefahr begibt sich der König an die Kultstätte und erhält dort von seinem Gott die Zusage, dass er ihm beistehen wird. Der göttliche Beistand gilt nicht ihm allein, sondern seiner Herrschaft und insbesondere der Truppe, die mit dem König in den Kampf ziehen muss. Aus dem Tempel tretend, teilt er die Zuversicht mit seinen Leuten.

Der spätere Psalm

1 Von David.
Jahwe ist mein Licht und meine Rettung;
vor wem sollte ich mich fürchten?
Jahwe ist die Festung für mein Leben;
vor wem sollte mir grauen?

2 Wenn Übeltäter auf mich eindringen,
um mein Fleisch zu verschlingen,
meine Widersacher und Feinde,
sie selbst müssen straucheln und fallen.
3 Mag ein Heer mich belagern,
mein Herz fürchtet sich nicht.
Mag ein Krieg gegen mich ausbrechen,
darin bleibe ich voll Zuversicht.
4 Eins habe ich erbeten von Jahwe, das suche ich:
dass ich wohne im Hause Jahwes alle Tage meines Lebens,
zu schauen die Freundlichkeit Jahwes
und seinen Tempel zu betrachten.
5 Denn er birgt mich in ‹seiner› Hütte
am Tag des Unheils.
Er wird mich beschirmen im Schutz seines Zelts.
Auf einen Felsen hebt er mich empor.
6 Und nun erhebt sich mein Haupt
über meine Feinde rings um mich her.
Und ich will darbringen in seinem Zelt Opfer des Jubels,
ich will singen, will aufspielen für Jahwe.

Das Wort *b^{e}sukkāh* «in einer Hütte» in Vers 5 kann auch *b^{e}sukkoh* «in *seiner* Hütte» gelesen werden. In diesem Fall bezieht sich die Aussage auf den Tempel. Die Sehnsucht nach dem Tempel kommt in Vers 4 zum Ausdruck. Sie lässt sich durch eine Pilgerreise erfüllen. Aber der Wunsch geht darüber hinaus: «Dass ich wohne im Hause Jahwes alle Tage meines Lebens.» Der Satz stimmt mit einer Randbemerkung in Psalm 23,6 überein, und dies so wörtlich, dass beide vielleicht von ein und demselben Verfasser stammen. Das Heiligtum bietet Schutz vor den Unbilden des Lebens und vor den Nachstellungen der Feinde. Darum wird die Gewissheit des Beters, bei seinem Gott in Sicherheit zu sein, mit dem Tempel verbunden: «Er wird mich beschirmen im Schutz seines Zelts.»

Dieser Schutz gilt «am Tag des Unheils». Das kann die gegenwärtige Not sein, aber auch das Weltgericht am Ende der

Zeit. Dieses Gericht wird über die Übeltäter hereinbrechen. Sie werden in Vers 2 noch vor der militärischen Bedrohung genannt. Wie sie den Gerechten bedrängen, wird drastisch geschildert, ähnlich wie in Hiob 19,22: «Warum verfolgt ihr mich wie Gott und könnt nicht satt werden von meinem Fleisch?» Aber sie werden «straucheln und fallen». Die Wendung ist der prophetischen Polemik gegen die fremden Völker entlehnt. Damit erhält auch der Triumph über die Feinde, der den ursprünglichen Psalm beschließt, einen weiteren Sinn: Während ringsum die gottlose Welt untergeht, werden die Gerechten im Tempel das Schlachtgeschrei anstimmen, wenn Jahwe seine Feinde besiegt.

HILFERUF UND ORAKEL

Psalm 27B

Höre, Jahwe, meine Stimme, mit der ich rufe,
 und sei mir gnädig und antworte mir!
Verbirg dein Angesicht nicht vor mir,
 weise deinen Knecht nicht ab im Zorn!
 Meine Hilfe bist du gewesen.
Verstoß mich nicht und verlass mich nicht,
 Gott meiner Rettung!
 Gib mich nicht preis der Gier meiner Gegner!

Warte auf Jahwe!
 Sei stark, und dein Herz sei mutig,
 und warte auf Jahwe!

Der Beter appelliert an seinen Gott und beruft sich darauf, sein Knecht, das heißt sein Vasall, zu sein. Er begibt sich in den Tempel und ersucht um eine Audienz. Jahwe möge ihn vorlassen und ihm sein Angesicht zeigen. Die Bedrängnis, der der Beter ausgesetzt ist, könnte darin ihren Grund haben, dass Jahwe ihm seine Gunst entzogen hat. Deshalb erinnert er daran, wie Jahwe ihm früher geholfen hat. Jahwe möge sich selbst treu bleiben und seinen Beistand auch jetzt nicht verweigern. Der Beter sieht sich der Gier der Gegner ausgeliefert, seien sie äußere Feinde oder Rivalen im eigenen Lager.

Darauf ergreift eine Kultperson das Wort und bestärkt den Beter mit Nachdruck, seine Hoffnung auf Jahwe zu setzen. Der Zuspruch «Sei stark, und dein Herz sei mutig» war üblich. Mit diesen Worten sprach Jahwe vor Beginn eines Kampfes dem König Mut zu: «Ich stärke dich, ja helfe dir, ja halte dich mit der Rechten meiner Gerechtigkeit» (Jesaja 41,10) Bevor Josua mit der Eroberung des westjordanischen Landes begann, soll Jahwe ihm gesagt haben: «Sei stark und mutig!» (Deuteronomium 31,23; Josua 1,6). Der assyrische König Assurbanipal (668–627 v. Chr.) berichtet von einem solchen Orakel: «Die Göttin Ischtar hörte meine qualvollen Seufzer und sprach zu mir: ‹Fürchte dich nicht!› Sie ermutigte mein Herz.»

Der spätere Psalm

7 Höre, Jahwe, meine Stimme, mit der ich rufe,
und sei mir gnädig und antworte mir!
8 Zu dir hat mein Herz gesagt:
«Sucht mein Angesicht!»
Dein Angesicht, Jahwe, will ich suchen.
9 Verbirg nicht dein Angesicht vor mir,
weise deinen Knecht nicht ab im Zorn!
Meine Hilfe bist du gewesen.
Verstoß mich nicht und verlass mich nicht,
Gott meiner Rettung!
10 Denn mein Vater und meine Mutter haben mich verlassen,
aber Jahwe wird mich aufnehmen.
11 Weise mir, Jahwe, deinen Weg,
und leite mich auf ebener Bahn
wegen meiner Widersacher.
12 Gib mich nicht preis der Gier meiner Gegner!
Denn Lügenzeugen sind aufgestanden gegen mich
und ein falscher Zeuge.
13 Wenn ich nicht darauf vertrauen würde,
zu sehen die Güte Jahwes im Land der Lebenden.
14 Warte auf Jahwe!
Sei stark, und dein Herz sei mutig,
und warte auf Jahwe!

In seiner späteren Gestalt ist der Psalm das Gebet eines Angefochtenen, der im Tempel Zuflucht vor seinen Gegnern sucht. Der Beter verlangt nach der schützenden Nähe seines Gottes. Dafür beruft er sich auf das Gebot: «Sucht mein Angesicht!» Die Pflicht, regelmäßig das Angesicht Jahwes zu sehen, ist in Exodus 23,17 und Deuteronomium 16,16 in der Tora belegt. In Psalm 100,2 findet sich die Aufforderung: «Kommt vor sein Angesicht mit Jubel!» Der Beter spricht das Gebot nicht aus, sondern sagt es im Herzen. Er erinnert Jahwe und sich selbst in Gedanken daran.

Die Gegner, die im Psalm genannt sind, werden nun als Lügenzeugen näher bestimmt. Sie ziehen die Integrität des Beters in Zweifel und fordern damit zugleich die Gerechtigkeit Jahwes heraus. Dem setzt der Beter ein entschlossenes Gottvertrauen entgegen. Die früher geäußerte Verzweiflung wird geradezu für unwirklich erklärt. Die Worte des älteren Gebets würden nur gelten, «wenn ich nicht darauf vertrauen würde, zu sehen die Güte Jahwes im Land der Lebenden». Er ist gewiss, dass Jahwe ihn nicht der Totenwelt überlassen, sondern auf der Erde unter den Lebenden erhalten und mit seiner Güte beschenken wird. Jahwe wird ihn bei sich an der Kultstätte aufnehmen. Dort wird er Zuflucht finden wie eine Waise, die ihre Eltern verloren hat. Das war unter damaligen Bedingungen ein schweres Schicksal. Denn nur in der Familie fand der Einzelne soziale Absicherung und Schutz. Die Situation ist sprichwörtlich. Sie wird zum Beispiel auch in der sogenannten babylonischen Theodizee genannt: «Vater und Mutter hatten mich verlassen, da war niemand, der mich aufzog.» Der Anlass, aus dem Familienverband zu fallen, kann außer dem frühen Tod der Eltern auch unrettbare Not oder die Angst vor Ansteckung bei schwerer Krankheit gewesen sein (Psalm 38,12). Auch seine leidenschaftliche Religiosität kann den Beter einsam gemacht haben (Psalm 69,8–10).

Wie Jahwe die Vaterrolle zugeschrieben wird, so soll er für den Beter auch zum Lehrer werden: «Weise mir, Jahwe, deinen Weg!» Gegenstand dieser Unterweisung ist die Tora («Weisung»). Wird der Fromme auf diesem Weg bleiben, so werden seine Widersacher sich vollends als Lügner erweisen.

Das Gebet bildet heute den zweiten Teil von Psalm 27. Es ist ein eigener Psalm, der ohne Überschrift geblieben ist.

BITTEN IN DER NOT UND IHRE ERHÖRUNG

Psalm 28

Zu dir, Jahwe, rufe ich,
  mein Fels, stell dich nicht taub gegen mich!
Höre die Stimme meines Flehens,
  wenn ich zu dir schreie,
  wenn ich meine Hände erhebe
  zum Innersten deines Heiligtums!

Gepriesen sei Jahwe;
  denn er hat gehört die Stimme meines Flehens.
Jahwe ist meine Stärke und mein Schild.
  Auf ihn hat mein Herz vertraut,
  und mir wurde geholfen.
So jubelt mein Herz,
  und mit meinem Lied will ich ihm danken.

Der Psalm ist eine Zusammenstellung vorgeprägter Wendungen. Sie lassen keinen bestimmten Anlass erkennen. Wer sich an Jahwe wenden will, kann daraus je nach persönlichem Anliegen auswählen. Am Anfang steht, wörtlich gleich wie in Psalm 30,9 und ähnlich wie in Psalm 27B, ein Hilfeschrei. Mit einem häufig gebrauchten Bild wird Jahwe als rettender Fels und uneinnehmbare Zuflucht angesprochen (Psalm 31,3; 61,3; 62,8). Dringend fordert der Beter eine Antwort ein: «Stell dich nicht taub gegen mich» (so auch 35,22; 39,13; 83,2; 109,1).

Man betete nicht still, sondern schrie. Der Beter will mit aller

Kraft auf sich aufmerksam machen, sei es, um vorgelassen zu werden, sei es, weil er fern vom Heiligtum lebt. Die Bitte «Höre die Stimme meines Flehens» kann man auch mit «Höre den Ruf meines Flehens» oder einfach «Höre mein lautes Flehen» wiedergeben. Der Beter erhebt die Hände zur Gottheit oder in Richtung ihres Wohnsitzes im Kultraum des Tempels. Die Geste war so bezeichnend, dass im Akkadischen eine ganze Gattung von Gebeten nach ihr benannt wurde («Handerhebungsgebete»).

Der zweite Teil des Psalms beginnt mit der Lobformel «Gepriesen sei Jahwe». Sie wird damit begründet, dass Jahwe die Bitte «Höre die Stimme meines Flehens» erfüllt habe. Jahwe hat sich als Beistand erwiesen. Die Aussagen passen wieder am besten auf den kämpfenden König. Der Beter weiß sich gerettet. Sein Jubel mündet in das Dankgelübde.

Der spätere Psalm

1 Von David.
Zu dir, Jahwe, rufe ich,
mein Fels, stell dich nicht taub gegen mich,
dass ich nicht, wenn du gegen mich schweigst,
gleich werde denen, die in die Grube hinabsteigen!
2 Höre die Stimme meines Flehens,
wenn ich zu dir schreie,
wenn ich meine Hände erhebe
zum Innersten deines Heiligtums!
3 Raffe mich nicht hin mit den Frevlern
und mit den Übeltätern,
die freundlich reden mit ihrem Nächsten,
aber Böses im Herzen haben.
4 Gib ihnen nach ihrem Tun
und nach der Bosheit ihrer Taten;
nach dem Werk ihrer Hände gib ihnen;
vergelte ihnen, was sie verdienen.

5 Denn sie achten nicht auf das Tun Jahwes
noch auf das Werk seiner Hände.
Er wird sie niederreißen
und nicht wieder aufbauen.
6 Gepriesen sei Jahwe;
denn er hat gehört die Stimme meines Flehens.
7 Jahwe ist meine Stärke und mein Schild.
Auf ihn hat mein Herz vertraut, und mir wurde geholfen.
So jubelt mein Herz,
und mit meinem Lied will ich ihm danken.
8 Jahwe ist Stärke ‹für sein Volk›,
und eine Fliehburg der Rettung seines Gesalbten ist er.
9 Rette dein Volk
und segne dein Erbe
und weide und trage sie für alle Zeit!

In der erweiterten Fassung ist der Psalm das Gebet eines Frommen, der um die Zuwendung seines Gottes bangt und zugleich das Ende der Frevler herbeisehnt. Seine Angst ist, dass Jahwe ihn mit den Übeltätern verwechseln könnte. Deshalb grenzt er sich heftig von ihnen ab. Flehend wiederholt er die Bitte um Aufmerksamkeit. Wenn Jahwe schweigt, würde das bedeuten, dass er ihm seine Gunst entzogen hat. Dann wäre der Fromme wie die Frevler, die in die Grube hinab müssen (Psalm 30,4). Deshalb die Bitte, die schon in Psalm 26,9 laut wurde: «Raffe mich nicht hin mit den Frevlern!»

Der Beter führt die Frevler nicht als seine persönlichen Feinde an, sondern schildert sie als die Gegen-Typen zu sich selbst. Das Muster fand sich im Buch Jeremia. Dort wird der Prophet Jeremia als leidender Gerechter dargestellt, der erleben musste, dass «einer freundlich redet mit seinem Nächsten, aber im Inneren legt er ihm einen Hinterhalt» (Jeremia 9,7). Deshalb droht Jahwe durch Jeremia: «Ich will ihnen nach ihrem Tun vergelten und nach dem Werk ihrer Hände» (Jeremia 25,14). Jahwe werde die Zeitgenossen strafen «nach der Bosheit eurer Taten» (Jeremia 21,12; 23,2). Er werde «niederreißen und (nicht wieder) aufbauen» (Jeremia 1,10). Aus diesen Mosaiksteinen wurde das Bild zusammengesetzt, das der heutige Psalm darbietet.

Ein Anhang, der wahrscheinlich schon zuvor hinzukam, nimmt das Bekenntnis «Jahwe ist meine Stärke» auf und bezieht es auf das Gottesvolk und den ersehnten messianischen König. Ähnliche Segensbitten wurden auch den Psalmen 3 und 29 und weiteren am Schluss angefügt.

DIE STIMME JAHWES

Psalm 29

Bringt Jahwe dar, ihr Göttersöhne,
bringt Jahwe dar Ehre und Stärke,
bringt Jahwe dar seines Namens Ehre,
werft euch nieder vor Jahwe in heiligem Schmuck!
Die Stimme Jahwes über den Wassern,
der Gott der Ehre donnerte,
Jahwe über großen Wassern!
Die Stimme Jahwes in Kraft,
die Stimme Jahwes in Glanz!
Die Stimme Jahwes zerbricht Zedern,
ließ springen wie ein Kalb den Libanon
und den Sirjon wie einen jungen Wildstier;
die Stimme Jahwes entfacht Feuerflammen!
Die Stimme Jahwes lässt die Steppe kreißen,
Jahwe lässt die Steppe von Kadesch kreißen!
Die Stimme Jahwes lässt Hirschkühe kalben
und Bergziegen werfen;
in seinem Tempel sprechen alle: Ehre!
Jahwe nahm seinen Thron auf der Urflut,
Jahwe ward König für allezeit!

Der siebenfache Ruf «die Stimme Jahwes» (*qôl Jhwh*) ist wie das rollende Echo des Donners. Die immer gleiche Wiederholung gibt dem Psalm einen beschwörenden Klang. Das Lied beschwört das Gewitter geradezu herauf. Da das Leben am Regen hing, wartete man sehnsüchtig auf den Beginn der

Regenzeit im Herbst und erlebte die Wiederkehr des Regens als Jahresbeginn. Psalm 29 wurde wahrscheinlich beim Neujahrsfest gesungen. Mit fast denselben Worten pries man in Ugarit den Wettergott Baʿal:

> Seine heilige Stimme ließ die Erde zittern,
> der Ausspruch seiner Lippen die Berge.

Ähnlich sagt es ein Gebet an den nordmesopotamischen Wettergott Adad:

> … der Mittagshitze tränkt, Fülle herabregnen lässt, bei dessen Brüllen die Menschen erstarren, die Auen aufgebrochen werden, die Steppen kreißen …

Der Gott Jahwe wurde auf ganz ähnliche Weise verehrt. Die Zedern, der Libanon und der Sirjon (so nannte man im phönizisch-syrischen Raum den Antilibanon mit dem Gipfel des Hermon) lassen vermuten, dass der Psalm aus dem Königreich Israel stammt. Die Steppe von Kadesch könnte auf die Umgebung der Stadt Kadesch am Orontes in Syrien verweisen. Sie wird auch in einer Beschwörung aus Ugarit erwähnt.

Das Lied von der göttlichen Donnerstimme steht in einem Rahmen – oben kursiv gesetzt –, der die mythischen Hintergründe des Gewitters enthüllt. Im Tempelkult wird der Gewittergott als König der Götter verehrt. Der Tempel ist ein Abbild von Jahwes Palast, in dem der Gott Audienz hält. Die «Göttersöhne», das sind die übrigen göttlichen Wesen, werden aufgerufen, Jahwe mit Ehre und Stärke zu beschenken und vor ihm niederzufallen.

Wenn Jahwe im Gewitter erscheint, wird die Urzeit Gegenwart. Als Jahwe das erste Mal im Gewitter nahte, sprangen die gewaltigen Gebirgszüge Libanon und Sirjon vor Freude wie ein wildes Stierkalb. Jahwe bezwang die Urflut und nahm über dem besiegten Feind seinen Thronsitz ein, um für immer als

König zu herrschen. Mit dem Ruf «Ehre» huldigen ihm alle anderen Götter, und die Teilnehmer am Kult stimmen ein.

Der Ausdruck «Göttersöhne», der auch sonst begegnet (Genesis 6,2–4; Psalm 89,9; Hiob 1,6; 2,1; 38,7), findet sich in Ugarit als Bezeichnung für die Götterversammlung. Er ist im achten Jahrhundert in Kleinasien belegt in der Inschrift des Azatiwada vom Karatepe, vielleicht auch in der Zitadelleninschrift aus Amman aus dem neunten Jahrhundert. Libanon und Sirjon werden im ugaritischen Baʿal-Epos nebeneinander genannt. Nach dem Gilgamesch-Epos trennten sich Libanon und Sirjon, als Gilgamesch und sein Freund Enkidu mit Humbaba, dem Wächter des Zedernwalds, kämpften. Dass Jahwe sich mit seinem Thron auf die Flut gesetzt hat, spielt auf den Kampf gegen die lebensbedrohlichen Wassermassen an. Dieser Mythos ist seit dem achtzehnten Jahrhundert v. Chr. inschriftlich bezeugt.

Der spätere Psalm

1 Ein Saitenspiel Davids.
Bringt Jahwe dar, ihr Göttersöhne,
bringt Jahwe dar Ehre und Stärke,
2 *bringt Jahwe dar seines Namens Ehre,*
werft euch nieder vor Jahwe in heiligem Schmuck!
3 Die Stimme Jahwes über den Wassern,
der Gott der Ehre donnerte,
Jahwe über großen Wassern!
4 Die Stimme Jahwes in Kraft,
die Stimme Jahwes in Glanz!
5 Die Stimme Jahwes zerbricht Zedern,
und Jahwe zerschmetterte die Zedern des Libanon,
6 *ließ springen wie ein Kalb den Libanon*
und den Sirjon wie einen jungen Wildstier;
7 die Stimme Jahwes entfacht Feuerflammen!
8 Die Stimme Jahwes lässt die Steppe kreißen,
Jahwe lässt die Steppe von Kadesch kreißen!

9 Die Stimme Jahwes lässt Hirschkühe kalben,
und Bergziegen werfen;
in seinem Tempel sprechen alle: Ehre!
10 *Jahwe nahm seinen Thron auf der Urflut,*
Jahwe ‹nahm seinen Thron als› *König für allezeit!*
11 Jahwe gebe seinem Volk Stärke,
Jahwe segne sein Volk mit Frieden!

In seiner jetzigen Fassung schließt der Psalm mit einem Segenswunsch für das Gottesvolk. Traditionell galten solche Wünsche dem König. So im achten Jahrhundert in der Inschrift vom Karatepe für König Azatiwada: «Baʿal-des-Zepters (?) möge Azatiwada segnen mit Leben, Frieden und mächtiger Stärke über jeden König hinaus!» Dasselbe Motiv findet sich in einer Königsinschrift aus Kition auf Zypern im vierten Jahrhundert: «Baʿal-der-Stärke gab mir und dem ganzen Volk von Kition … Stärke.» In Psalm 29 ist hingegen das Volk das unmittelbare Gegenüber seines Gottes: Jahwe möge die Stärke, die er von den Göttersöhnen erhielt, an das Gottesvolk weitergeben und es mit Frieden segnen. Ähnliche Ergänzungen finden sich am Ende der Psalmen 3, 28 und öfter.

DANKGEBET

Psalm 30

Ich will dich erheben, Jahwe,
denn du hast mich emporgezogen
  und hast meine Feinde nicht über mich triumphieren
  lassen.
Jahwe, mein Gott,
  ich schrie zu dir, und du hast mich geheilt.
Jahwe, du hast meine Seele heraufgeholt aus der Unterwelt.
  Du hast mich am Leben erhalten unter denen, die in die
  Grube hinabsteigen.
Ich aber sprach in meiner Sicherheit:
  Ich werde niemals wanken.
Da verbargst du dein Gesicht,
  ich wurde starr vor Schreck.
Du hast meine Totenklage in einen Reigentanz gekehrt,
  hast mein Sackkleid gelöst und mich mit Freude gegürtet,
dass meine Ehre dir aufspiele und nicht verstumme.
  Jahwe, mein Gott, immerdar will ich dir danken.

*

Zu dir, Jahwe, rufe ich,
  und zu meinem Herrn flehe ich:
Was hast du von meinem Blut,
  wenn ich in die Grube hinabsteige?
Kann dir der Staub danken?
  Wird er deine Treue verkünden?
Höre, Jahwe, und sei mir gnädig!
  Jahwe, sei mir ein Helfer!

Das Gebet beginnt mit einem Versprechen. Der Beter gelobt, seinem Gott zu danken, wenn dieser ihn aus der Not erretten wird. Ein solches Versprechen ist üblich am Schluss des Klagegebets. Das Dankgebet setzt damit ein, dass der Beter sein Gelübde wiederholt. Jetzt löst er ein, was er versprochen hat. Dieser Psalm endet sogar mit einem weiteren Gelübde: «Jahwe, mein Gott, immerdar will ich dir danken.» Der Dank soll mit einem einzigen Gebet nicht abgegolten sein, sondern für immer das wiedergewonnene Leben bestimmen.

Zum Dank gehört, dass der Beter auf die überstandene Not zurückblickt und von seiner Rettung erzählt. Der Anlass mag eine schwere Krankheit gewesen sein, von der er geheilt worden ist. Als Erstes jedoch spricht er von Feinden, die über seinen Tod hätten triumphieren können. Das spielt auf einen Kampf zwischen Rivalen an.

Der Beter erhebt seinen Gott, so wie er selbst emporgehoben worden ist. Er sieht sich ins Leben zurückgeholt wie ein Schöpfgefäß, das aus dem Dunkel einer Zisterne ans Licht gezogen wurde. Zisternen gab es überall im Land, um mit dem Wasser des Winterregens über die sommerliche Trockenzeit zu kommen. Fiel jemand unbemerkt hinein, war er so gut wie verloren, als hätte die unterirdische Urflut ihn verschluckt. Leerstehende Zisternen dienten als Gefängnis (Genesis 37,24; Jeremia 38,6). Ihre Form konnte an ein Schachtgrab erinnern. So wurde die Grube zum Bild für die Totenwelt.

Im Rückblick erkennt der Beter, wie trügerisch seine frühere Sicherheit gewesen ist. Er hielt sein Dasein für so unerschütterlich wie die Erde: «Ich werde niemals wanken.» Jetzt aber weiß er, dass seine Welt nur Bestand hat, solange Jahwe die Lebensordnung bewahrt (vergleiche zu Psalm 13,5). Als er erfahren musste, dass Jahwe sein Gesicht verbarg, das heißt seinem Schützling die Gunst entzog, blieb ihm das Herz stehen.

Umso größer ist dann die Freude. Der Saq, das härene Gewand, das der Trauernde trägt, wird geöffnet und in den Gürtel gerafft, um mit freien Beinen tanzen zu können. Diese Befreiung führt der Beter auf Jahwe zurück. Der Reigentanz gehört zur rituellen Siegesfeier. Mit ihm wird der siegreiche Krieger, der aus der Schlacht kommt, empfangen (Exodus 15,20; Richter 11,34; 1. Samuel 18,6; Jeremia 31,13).

Es ist die Ehre (*kābôd*) des Beters, die seinem Gott singt (vergleiche Psalm 57,9). Die Ehre, die er von seinem Gott erhalten hat, gibt er ihm lobend zurück. Der *kābôd* ist als Eigenschaft in der Regel einem Gott oder dem König vorbehalten. Mit der Rettung erhält der Beter Anteil an der machtvollen Aura seines Gottes, so dass er dessen Ehre in gewissem Maße verkörpert.

Mitten in dem Rückblick auf die überstandene Not stehen vier Doppelzeilen, die ein eigenes kurzes Klagegebet gewesen sein können. Es beginnt und endet mit dem dringenden Appell an Jahwe. Um seine Bitte zu unterstreichen, appelliert der Beter an das Eigeninteresse des Gottes. Nur wenn er am Leben bleibt, kann Jahwe Dank erwarten. Aus der Schattenwelt der Toten wird sein Lied niemanden mehr erreichen können.

Der spätere Psalm

1 Ein Saitenspiel. Ein Lied zur Tempelweihe. Von David.
2 Ich will dich erheben, Jahwe;
denn du hast mich emporgezogen,
und hast meine Feinde nicht über mich triumphieren lassen.
3 Jahwe, mein Gott,
ich schrie zu dir, und du hast mich geheilt.
4 Jahwe, du hast meine Seele heraufgeholt aus der Unterwelt.
Du hast mich am Leben erhalten
‹unter denen, die› in die Grube ‹hinabsteigen›.
5 Spielt Jahwe, ihr seine Getreuen,
und preist seinen heiligen Namen!
6 Denn einen Augenblick währt sein Zorn,
lebenslang seine Gunst.
Am Abend währt Weinen,
aber gen Morgen ist Jubel.
7 Ich aber sprach in meiner Sicherheit:

8 Ich werde niemals wanken.
Jahwe, in deiner Gunst
hast du ‹meiner Hoheit› Kraft verliehen.
Da verbargst du dein Gesicht,
9 ich wurde starr vor Schreck.
Zu dir, Jahwe, rufe ich,
10 und zu meinem Herrn flehe ich:
Was hast du von meinem Blut,
wenn ich in die Grube hinabsteige?
Kann dir der Staub danken?
11 Wird er deine Treue verkünden?
Höre, Jahwe, und sei mir gnädig!
12 Jahwe, sei mir ein Helfer!
Du hast meine Totenklage in einen Reigentanz gekehrt,
13 hast mein Sackkleid gelöst und mich mit Freude gegürtet,
dass ‹meine Ehre› dir aufspiele und nicht verstumme.
Jahwe, mein Gott, immerdar will ich dir danken.

In Vers 5 wird das Danklied von einem Aufruf zum Lob unterbrochen. Er richtet sich an die «Getreuen» (*Chasidim*). Die gesetzestreuen Frommen, die sich im zweiten Jahrhundert der Fremdherrschaft der Seleukiden entgegenstellten, erkannten sich in dem Beter wieder. Die Rettung, von der der Psalm berichtet, sahen sie als ihre eigene an. In der Überschrift wird der Psalm nunmehr als «Lied zur Tempelweihe» (*Chanukka*) bestimmt, das heißt zur Wiedereinweihung des Tempels im Jahr 164 v. Chr. nach dem Aufstand der Makkabäer, die bis heute jährlich als Chanukka-Fest begangen wird.

Die Rettung ruft unter den Gerechten die Frage wach, weshalb es dazu kommen konnte, dass Jahwe sein Heiligtum der Verwüstung durch Fremde preisgab. Wie passt die Notlage, die man nun hinter sich hat, zu Gottes Macht und Gerechtigkeit? Eine grundsätzliche Antwort gibt es nicht; stattdessen ein Bekenntnis: «Einen Augenblick währt sein Zorn, lebenslang seine Gunst.» Die kurze Aufwallung von Gottes Zorn, die man erleben musste, steht in keinem Verhältnis zu seinem umfassenden

Wohlwollen. Das wird mit einer Sentenz illustriert, die man ähnlich auch in Jesaja 17,14 und Psalm 126,5–6 liest: «Am Abend währt Weinen, aber gen Morgen ist Jubel.»

Dieser Erweiterung lässt sich möglicherweise auch das Bekenntnis in Vers 8 zuordnen, das mit einer eigenen Anrede einsetzt: «Jahwe, in deiner Gunst hast du ‹meiner Hoheit› Kraft verliehen.» Die griechische Übersetzung hat hier das hebräische Wort *hādārî* «meine Hoheit» vorgefunden. Im heutigen hebräischen Text lautet es (mit einer häufigen Buchstabenverwechselung) *harᵉrî* «meine Berge». Auch das ließ sich auf die Wiedereinweihung des Tempels auf dem Zionsberg beziehen.

DRINGENDE BITTE UM HILFE

Psalm 31,1–9

Bei dir, Jahwe, habe ich mich geborgen.
Neige dein Ohr zu mir,
  schnell, rette mich!
Werde mir zum schützenden Fels,
  zum festen Haus, mich zu retten!
Ich will jauchzen und mich freuen über deine Huld.
Denn du hast meine Not gesehen,
  hast die Ängste meiner Seele erkannt
  und mich nicht ausgeliefert in die Hand des Feindes,
  du hast meine Füße ins Weite gestellt.

Der Beter ist vor den Nachstellungen eines Feindes an die Kultstätte geflohen, die ihm wie eine Fliehburg auf einem Felsen erscheint. Tatsächlich lagen viele Heiligtümer auf Anhöhen. Der Beter setzt den Gott sogar mit dem Fliehfelsen und mit der darauf erbauten Festung gleich.

Mit der üblichen Bitte «Neige dein Ohr zu mir» ersucht der Beter um eine Audienz. Der Gott möge ihn sofort retten. So geschieht es. Jubelnd bekennt der Beter, dass Jahwe seine Todesangst wahrgenommen hat. Er hat ihn nicht an den Feind ausgeliefert. Es ist möglich, dass das im Zusammenhang mit einem kultischen Gerichtsverfahren gestanden hat. Eine andere Notlage, in der man ein solches Gebet sprach, wird von Lea erzählt, Jakobs ungeliebter Frau. Als sie den Ruben gebiert, soll sie bekannt haben: «Jahwe hat meine Not gesehen» (Genesis 29,32). Sie hatte Jahwe ihre Kinderlosigkeit geklagt.

Die letzte Zeile fasst zwei Bilder in eines. Jahwe hat die fliehenden oder wankenden Füße des Beters auf sicheren Grund gestellt, und er führte ihn hinaus ins Weite.

Der spätere Psalmteil 31,1–9

1 Für den Chorleiter, ein Saitenspiel Davids.
2 Bei dir, Jahwe, habe ich mich geborgen.
Ich will nimmermehr beschämt werden.
Durch deine Gerechtigkeit lass mich entrinnen!
3 Neige dein Ohr zu mir,
schnell, rette mich!
Werde mir zum schützenden Fels,
zum festen Haus, mich zu retten!
4 Denn du bist mein Fels und meine Feste,
und um deines Namens willen leite und führe mich.
5 Zieh mich aus dem Netz, das sie mir heimlich spannten,
denn du bist mein Schutz.
6 In deine Hand übergebe ich meinen Geist.
Du hast mich ausgelöst, Jahwe, du treuer Gott.
7 ‹Du hasst›, die nichtige Götzen verehren.
Ich aber, ich vertraue auf Jahwe.
8 Ich will jauchzen und mich freuen über deine Huld!
Denn du hast meine Not gesehen,
hast die Ängste meiner Seele erkannt
9 und mich nicht ausgeliefert in die Hand des Feindes,
du hast meine Füße ins Weite gestellt.

Wie bei Psalm 7 hat auch in Psalm 31 das einleitende Bekenntnis «Bei dir, Jahwe, habe ich mich geborgen» dazu geführt, dass die Frommen den Psalm als ihr Gebet gelesen haben. Sie haben ihn stark ergänzt und zu einer Klage des Gerechten erweitert, der von seinem Gott seine Rettung und Rechtfertigung erwartet und den Untergang der Frevler herbeisehnt. Es gibt Anklänge an die Klagen des Propheten Jeremia. Jeremia galt wegen seines Schicksals als der Inbegriff des leidenden Gerechten. Auch an die Klagen Hiobs wird erinnert.

Für den zweiten Teil, der hier nicht wiedergegeben wird, haben die Bearbeiter auf weitere Texte zurückgegriffen, ähnlich wie man es in Psalm 28 und Psalm 35 beobachten kann. In den Versen 10–14 haben sie eine Klage hinzugefügt. Ihr liegen Psalm 6 und Jeremia 20,10 zugrunde. Die Verse 15–19 nehmen den Anfang des Psalms auf und enden mit dem Wunsch, dass die Frevler verstummen mögen. In den Versen 20–25 folgt der Dank. Dafür sind die Psalmen 27 und 28 die Vorlage gewesen.

Auch in dem ursprünglichen Bestand am Anfang der heutigen Komposition hat sich die spätere Entwicklung niedergeschlagen. Gleich zu Beginn, noch vor der Bitte, äußert der jetzige Beter seine Angst, beschämt zu werden, und appelliert an Jahwes Gerechtigkeit. Um seine enge Bindung an Jahwe zu bezeugen, beteuert er: «Denn du bist mein Fels und meine Feste», unbekümmert darum, dass er damit die Bitte in Vers 3, dass Jahwe sein Fels und Schutz *werden* möge, gegenstandslos macht. Die Bitte «Um deines Namens willen leite und führe mich» hat Psalm 23,2–3 zum Vorbild. Das ausgespannte Netz wird auch in Psalm 35,8 und 57,7 genannt.

In Hiob 10,12 ist Hiob in den Mund gelegt: «Deine Obhut hat meinen Geist bewahrt.» In solchem Vertrauen übergibt der Beter seinen Geist, das ist sein bewusstes Ich, der Obhut seines Gottes. Jahwe hat diese Aufgabe angenommen und den Beter ausgelöst, so wie ein Familienvater ein Mitglied seines Hausstandes aus der Sklaverei freikauft oder es auslöst, wenn sich ein Gelübde als unerfüllbar erweist.

Die Abgrenzung von denjenigen, die nicht auf Jahwe vertrauen, sondern andere Götter verehren, kam wohl erst später hinzu. Je weiter sich das Judentum in der antiken Welt verbreitete, desto stärker musste es sich von anderen Kulten distanzieren.

BITTE UM BEISTAND IM KAMPF

Psalm 35,1–10

Streite, Jahwe, gegen die, die mit mir streiten,
kämpfe gegen die, die mich bekämpfen!
Ergreife Rundschild und Setzschild
und steh auf als meine Hilfe!
Zücke Speer und Streitaxt
meinen Verfolgern entgegen!
Sprich zu meiner Seele:
Deine Rettung bin ich.
Sich schämen sollen und verspottet werden,
die mir nach dem Leben trachten.
Zurückweichen sollen und zuschanden werden,
die mein Unglück planen.
Denn umsonst haben sie mir eine Fallgrube gegraben,
umsonst meiner Seele ihr Netz ausgespannt.
Meine Seele aber wird jauchzen über Jahwe,
wird fröhlich sein über seine Rettung.
Alle meine Gebeine werden sagen:
Jahwe, wer ist dir gleich!

Der Beter ruft seinen Gott zu den Waffen. Mit «Streit» ist der Rechtsstreit gemeint, mit «kämpfen» die tätliche Auseinandersetzung. Die Wortwahl zeigt, dass nicht die Stärke sich durchsetzen soll, sondern das Recht. Der Gott wird als Schildträger zu Hilfe gerufen. Ein Schildträger musste den Kämpfer decken. Das geschah mit dem Rundschild, um direkte Stöße abzufangen, und mit dem bodenlangen Setzschild, der den Kämpfer umgab und auch seitlich deckte. Beide Arten von Schilden zugleich zu führen, war unmöglich. Die Vorstellung ist nicht realistisch. Der Schutz durch die Gottheit soll so stark wie möglich sein. Auch als Mitkämpfer wird Jahwe herbeigerufen. In der Regel werden dem Wettergott Streitwaffen zugeschrieben. Diesmal sind es nicht die Donnerkeule und das Blitzbündel, sondern der Speer und (wahrscheinlich) die Doppelaxt. Sie sollen die Verfolger auf Abstand halten.

Als Lohn für den Beistand verspricht der Beter, Jahwe für seine Hilfe zu preisen. Seine Seele und seine Gebeine werden jauchzen: der ganze Mensch als vitales und als körperliches Ich. Das Verb «jauchzen» (*gîl*) steht an anderer Stelle für die Königsfreude bei der Thronbesteigung, die auf den Sieg über die Rivalen folgt.

Mit der rhetorischen Frage «Wer ist dir gleich?» wird die Herrlichkeit und Macht eines Gottes häufig gepriesen. So in einem sumerischen Hymnus an den Mondgott Sin:

> Herr, wer ist größer als du, wer misst sich mit dir,
> großer Held, wer ist größer als du, wer misst sich mit dir,
> Herr Nanna, wer ist größer als du, wer stellt sich dir gleich?
> Wenn du deinen Blick erhebst, wer kann da entfliehen?

So pries man auch den Gott Jahwe: «Wer ist dir gleich unter den Göttern, Jahwe, wer ist dir gleich, verherrlicht im Heiligtum?» (Exodus 15,11; ähnlich Psalm 71,19; 86,8; 113,5)

Der kursiv gesetzte Mittelteil des Psalms beginnt damit, dass der Beter seinen Gott um eine Schutzgarantie für sein Leben ersucht. Die Wendung «sich schämen sollen und verspottet werden» im folgenden Vers findet sich in dem Orakel Jesaja 41,11 als Beistandsversprechen Jahwes gegen die Feinde. Der Psalm nimmt ein solches Versprechen vorweg.

Die folgenden beiden Doppelzeilen haben in Psalm 70,3 eine fast gleichlautende Parallele. Dort wird den Gegnern vorgeworfen, dass sie sich an der Schande des Beters weiden. Hier hingegen wird die Art, wie sie dem Beter nachstellen, mit der

Jagd verglichen. Das ist ein geläufiges Bild für heimtückische Anfeindungen. Man fing das Wild in Fallgruben oder mit getarnten Netzen. Der Anfang des Psalms hat hingegen einen Kampf vor Augen, keine Jagd.

Das Wort *ḥinnām*, das mit «umsonst» wiedergegeben wird, kann bedeuten, dass die Gegner den Beter vergebens verfolgen, weil Jahwe ihn retten wird, oder dass sie ihn ohne Grund verfolgen, weil er unschuldig ist.

Der spätere Psalmteil 35,1–10

1 Von David.
Streite, Jahwe, gegen die, die mit mir streiten,
kämpfe gegen die, die mich bekämpfen!
2 Ergreife Rundschild und Setzschild
und steh auf als meine Hilfe!
3 Zücke Speer ‹und Streitaxt›
meinen Verfolgern entgegen!
Sprich zu meiner Seele:
Deine Rettung bin ich.
4 *Sich schämen sollen und verspottet werden,*
die mir nach dem Leben trachten.
Zurückweichen sollen und zuschanden werden,
die mein Unglück planen.
5 Sie sollen sein wie Spreu vor dem Wind,
und der Engel Jahwes stoße sie fort.
6 Ihr Weg sei finster und schlüpfrig,
und der Engel Jahwes verfolge sie.
7 *Denn umsonst haben sie mir eine Fallgrube gegraben,*
umsonst meiner Seele ihr Netz ausgespannt.
8 Über ihn soll ein Verderben kommen, das er nicht kennt,
sein Netz, das er ausgespannt hat, soll ihn fangen,
ins Verderben soll er fallen.
9 Meine Seele aber wird jauchzen über Jahwe,
wird fröhlich sein über seine Rettung.

10 Alle meine Gebeine werden sagen:
Jahwe, wer ist dir gleich!
Der du den Elenden rettest vor dem, der ihm zu stark ist,
und den Elenden und Armen vor seinen Räubern.

Das Gebet bildet heute nur das erste Drittel eines Psalms, in dem der angefeindete Fromme sich mit seinen Gegnern auseinandersetzt und vor Jahwe um seine Rechtfertigung kämpft. Für die weitere Komposition, die hier nicht erläutert werden muss, haben die Verfasser auf die Psalmen 7; 22 und 70 zurückgegriffen.

Die neue Ausrichtung hat sich auch in den ersten zehn Versen geltend gemacht. In den Versen 5–6 wurde das Geschick der Gegner näher ausgemalt: Sie sollen vom Winde verweht werden und auf ihrem Weg ausgleiten. Diese Bilder stammen aus Psalm 1, jenem späten Proömium, mit dem die frommen Gerechten den gesamten Psalter zu ihrem Gebetbuch erklärt haben. Dort werden die Frevler mit der wertlosen Spreu verglichen, die der Wind von der Tenne bläst. Dass Jahwe seinen strafenden Engel schickt, ist eine seltene, späte Vorstellung (2. Samuel 24,16–17; 2. Könige 19,35; Psalm 78,49). In den allermeisten Fällen hat der Engel hingegen die Aufgabe, zu bewahren und zu leiten.

Der Rachewunsch in Vers 8 weist sich als Zusatz aus, weil er unversehens einem Einzelnen gilt. Der Wechsel in die Einzahl ist dadurch veranlasst, dass hier eine Drohung zitiert wird, die in Jesaja 47,11 gegen Babel gerichtet ist: «Über dich wird plötzlich ein Verderben kommen, das du nicht kennst.» Das seltene Wort *Schoah* ist hier für ein umfassendes und unerklärliches Verderben gebraucht. Die Bildsprache der Jagd wird aus Vers 7 aufgenommen und so abgewandelt, dass der Jäger sich selbst ins Netz gehen und in die Fallgrube stürzen wird (vergleiche Sprüche 26,27).

Am Schluss dieses Teils des Psalms beanspruchen die frommen Armen die beschriebene Rettungstat für sich. Die Unvergleichlichkeit Jahwes soll darin bestehen, dass er sich als der Retter der Armen erweist.

«IM SCHATTEN DEINER FLÜGEL»

Psalm 36

Jahwe, bis an den Himmel reicht deine Huld,
deine Treue bis zu den Wolken.
Deine Gerechtigkeit ist wie die Berge Els,
dein Recht wie die große Urflut.
Jahwe, wie kostbar ist deine Huld!
Götter und Menschen
bergen sich im Schatten deiner Flügel.
Sie laben sich am Fett deines Hauses,
und mit dem Bach deiner Wonnen tränkst du sie.
Denn bei dir ist die Quelle des Lebens,
in deinem Licht sehen wir das Licht.

Der Kern des Psalms beginnt mit dem Ruf: «Jahwe, wie kostbar ist deine Huld!» Beim kultischen Fest lässt sich erleben, welche Lebensfülle von der Gottheit ausgeht. Das Wort *ḥæsæd*, das hier mit «Huld» wiedergegeben wird, leitet sich vom Bild eines übervollen, überfließenden Messbechers oder Getreidemaßes her. Es meint die überwältigende Freundlichkeit, mit der Jahwe als König sich all denen zuwendet, die in der Audienz vor ihn treten.

Bei den Flügeln ist an den brütenden Vogel gedacht, der seine Jungen beschützt und ihnen Schatten gibt. Flügel und Schatten waren Metaphern für den Schutz, den eine Gottheit oder ein König gewährte. Das Symbol der Flügelsonne war weit verbreitet. Es schmückte unter anderem das Dach der Tempel. Wer sich dort im Schatten der göttlichen Flügel barg,

Der Gott Melkart thront unter einer geflügelten Sonne in seinem Tempel. Phönizischer Skarabäus aus Sardinien, 7. Jahrhundert v. Chr.

war vor den lebensfeindlichen und zerstörerischen Mächten sicher.

Jahwes Huld kommt Göttern und Menschen gleichermaßen zugute. Mit den Göttern sind wohl nicht nur niedere Gottheiten gemeint, sondern auch die vergöttlichten Ahnen, die gemeinsam mit den Lebenden die Festgemeinde bildeten. Bei solchen Anlässen wurde Jahwe zu einem Gastgeber, der die Geladenen bewirtet. Das Fett galt als der beste Teil der Opfertiere, die vor dem Gott verspeist wurden. Die Gäste berauschten sich mit dem schäumenden Most, der am Ende der Erntezeit gekeltert wurde, und versetzten sich in religiöse Ekstase (1. Samuel 1,14; Jesaja 28,7–8; Hosea 4,11).

Im ugaritischen Baʿal-Epos rühmt sich der Wettergott Baʿal:

> Ich bin der Einzige, der als König herrschen kann über die Götter,
> der fett machen kann Götter und Menschen,
> der sättigen kann die Mengen der Erde.

Weil der Wettergott den Regen bringt, kann nur er sättigen, was auf Erden lebt. Deshalb beansprucht er, als Einziger über die Götter zu herrschen. Ein anderes ugaritisches Epos erzählt, wie beim Fest des Gottes El, des vergöttlichten Sippenpatriarchen, Schlachtopfer verspeist und große Mengen an Wein getrunken wurden:

> Dort, Schulter an Schulter stehen die Brüder ..., dort feiern die Menschen den Namen des El, feiern preisend den Namen des El die Helden. ... Man opfert Rinder, auch Kleinvieh schlachtet man, Stiere und Mastvieh, einjährige Kälber; eine Fülle von Lämmern, Böckchen. ... Siehe, einen Tag schenken sie Wein von *Tmk* aus, Most, den Wein von *Srnn*, den Wein des Landes *Gll*, den *Isryt*-Wein von *'nq*, *smt* des Libanon, den Tau des Mosts, den El anbaut.

Was in dem ugaritischen Text entfaltet wird, ist in dem kurzen kultischen Ruf des Psalms nur angedeutet: Die Gottheit bewirtet ihre Festgäste im Überfluss (Psalm 23,5).

Dieser Kern des Psalms steht in einem Rahmen, der kursiv wiedergegeben ist. Der Beginn des Liedes rühmt, wie gewaltig und groß Jahwes Eigenschaften sind: Huld und Treue, Gerechtigkeit und Recht füllen die Welt bis hinauf an den Himmel. Jahwes Gerechtigkeit gleicht den Bergen, auf denen El wohnt. Sie halten die bewohnbare Welt über dem Abgrund und reichen in die unergründlichen Tiefen des Ozeans hinab. Mit solchen Dimensionen ist Jahwes Gerechtigkeit das Fundament, auf dem alles beruht. Ebenso ist Jahwes Recht so uranfänglich wie die große Urflut, die sowohl über dem Firmament als auch unter der Erdscheibe liegt und die bewohnte Welt von allen Seiten umgibt. All diese Eigenschaften Jahwes sind dem Menschen entzogen.

Abschließend wird der Bach der göttlichen Wonnen, mit dem der alte Kultruf endete, mit der Quelle des Lebens verbunden, die bei Jahwe entspringt. Darin spiegelt sich die verbreitete Vorstellung von einer Tempelquelle (Genesis 2,10–14; Ezechiel 47,1; Joel 4,18). Die Lebensfülle, die von Jahwe ausgeht, wird als eine Sphäre voller Licht gedeutet, so wie der Sonnengott allmorgendlich die Finsternis vertreibt und seinen Lichtglanz über die Erde breitet (Psalm 57,12).

Der spätere Psalm

1 Für den Chorleiter. Von dem Knecht Jahwes, von David.
2 Eine Eingebung der Sünde hat der Frevler
im Innern ‹seines› Herzens.
Kein Erschrecken vor Gott
steht ihm vor Augen.
3 Es schmeichelt ihm in seinen Augen,
sich schuldig zu machen, zu hassen.
4 Die Worte seines Mundes sind Unheil und Trug,
er hat aufgegeben, verständig und gut zu handeln.
5 Unheil plant er auf seinem Lager,
er tritt auf unguten Weg,
das Böse verwirft er nicht.
6 *Jahwe, bis an den Himmel reicht deine Huld,*
deine Treue bis zu den Wolken.
7 *Deine Gerechtigkeit ist wie die Berge Els,*
dein Recht ‹wie› die große Urflut.
Mensch und Tier rettest du,
Jahwe.
8 Wie kostbar ist deine Huld, ‹Gott,
dass› Menschen sich im Schatten deiner Flügel bergen!
9 Sie laben sich am Fett deines Hauses,
und mit dem Bach deiner Wonnen tränkst du sie.
10 *Denn bei dir ist die Quelle des Lebens,*
in deinem Licht sehen wir das Licht.
11 Erhalte deine Huld denen, die dich kennen,
und deine Gerechtigkeit denen,
die aufrechten Herzens sind!
12 Nicht treffe mich der Fußtritt des Hochmuts,
und die Hand der Frevler verjage mich nicht!
13 Da sind die Übeltäter gefallen,
sie wurden gestürzt und können nicht wieder aufstehen.

Das Loblied auf Jahwes Huld, Treue und Gerechtigkeit steht in einem ganz anderen Rahmen. Der Vorspann gibt eine Typologie der Frevler, von deren gottlosem und bösem Treiben sich die Frommen unterscheiden wollen. Im Anhang wird die Huld und Gerechtigkeit Jahwes den Gerechten zugesprochen.

Den Anstoß bot eine exegetische Assoziation. Der Begriff «große Urflut» bezeichnet in Genesis 7,11 die Sintflut, die in der Spätzeit als Urbild des Endgerichts galt (Amos 7,4). Diese Assoziation lag umso näher, als der Psalm Jahwes Recht und Gerechtigkeit mit der Urflut vergleicht. In der kommenden kosmischen Katastrophe werden die Frevler untergehen. Wie einst in der Sintflut ist Jahwe aber auch bereit, Menschen und Tiere vor der Vernichtung zu bewahren, wenn sie sich bei ihm bergen (vergleiche Genesis 6,7; 7,23; Jona 4,11).

In der Überschrift wurde der Psalm mit David verknüpft. Dass er «der Knecht Jahwes» genannt wird, erklärt ihn zu einem der Frommen, von deren Rettung im Endgericht der Psalm handelt.

An einer Stelle des Textes wurde der ursprünglich polytheistische Sinn kaschiert. Statt

> Mensch und Tier rettest du.
> Jahwe, wie kostbar ist deine Huld!
> Götter und Menschen bergen sich im Schatten deiner Flügel.

las man:

> Mensch und Tier rettest du, Jahwe.
> Wie kostbar ist deine Huld, Gott,
> dass Menschen sich im Schatten deiner Flügel bergen!

Das Wort Elohim («Götter») wurde dabei wie üblich als «Gott» verstanden. Die jetzige Zäsur ist schon in der antiken griechischen Übersetzung zu finden. Sie widerspricht aber dem hebräischen Satzbau.

BITTE UM HEILUNG ANGESICHTS DER GEGNER

Psalm 41

Jahwe, sei mir gnädig,
  heile meine Lebenskraft!
Meine Feinde reden Böses über mich:
  «Wann stirbt er und erlischt sein Name?»
Immer wenn einer kommt zu sehen, redet er Falsches.
  Sein Herz sammelt sich Unheil. Er geht hinaus, redet.
Vereint gegen mich murmeln Beschwörungen
alle, die mich hassen.
  Gegen mich planen sie Böses:
«Verderben ist über ihn ausgegossen,
  und wer liegt, wird nicht mehr aufstehen.»
Sogar wer mit mir in Frieden war, wer mein Brot isst,
  hat gegen mich die Ferse erhoben.
Du aber, Jahwe, sei mir gnädig und richte mich auf,
  dass ich ihnen vergelte!

Der Beter ist lebensbedrohlich erkrankt. Seine Gegner erwarten sein baldiges Ableben. In der Not wendet er sich an seinen Gott und bittet um Heilung. Wahrscheinlich war auch dieses Gebet für den König bestimmt. In seinem Fall rief die Krankheit die Rivalen auf den Plan. Der ganzen Dynastie und dem Gemeinwesen drohte Gefahr.

Das ugaritische Kirtu-Epos schildert auf seiner dritten Tafel eine solche Krise. König Kirtu erkrankt lebensgefährlich. Er kann sein Amt nicht mehr ausfüllen. Seine Frau Ḥurrija nimmt ihr Amt als Königinmutter wahr und setzt ihren erstgeborenen Sohn Jaṣṣubu als Regenten ein. Schon wird die Totenklage erhoben, doch Kirtu kann mit Hilfe der Götter die Krankheit überwinden. Jaṣṣubu aber will den Thron nicht wieder freigeben und rebelliert gegen den Vater. Da wird er von Kirtu verflucht.

Ein ähnlicher Aufstand droht dem Beter des Psalms. Von Zeit zu Zeit taucht einer der Prätendenten auf, um zu sehen, wie es um ihn steht. Was er äußert, ist Heuchelei. Sein Herz sammelt Unheil (*'āwæn*), das heißt er achtet auf Krankheitssymptome, an denen ein Schadenszauber ansetzen kann. Das trägt er hinaus. Die Gegner rotten sich zusammen und murmeln ihre Beschwörungen: «Verderben ist über ihn ausgegossen, und wer liegt, wird nicht mehr aufstehen.» Mit ähnlichen Worten hat der Prophet Amos über das von den Assyrern bedrohte Israel vorab die Totenklage erhoben: «Gefallen ist, nicht steht mehr auf die Tochter Israel» (Amos 5,2). Anzeichen des dramatischen Machtverfalls ist, dass auch die Leute des Hofes, die des Königs Brot essen, sich dem Aufstand anschließen. Umso dringender ist der Appell an Jahwe, er möge seinen Vasallen nicht im Stich lassen.

In der Geschichte Israels sieht man sich an das Geschick der Dynastie Omri erinnert. König Joram wurde im Kampf mit den Aramäern verwundet und lag krank darnieder (2. Könige 8,28–29; 9,15). Der Streitwagenoffizier Jehu sah seine Gelegenheit gekommen. Er tötete ihn und trat an seine Stelle. Die Dynastie Omri erlosch.

Auch unter den Königen von Juda kam es zu schweren Krankheiten. Asa litt im Alter an den Füßen (1. Könige 15,23). Asarja erkrankte an Aussatz und musste das Regiment seinem Sohn überlassen (2. Könige 15,5). In 2. Könige 20,1–11 wird auf legendenhafte Weise von einer tödlichen Krankheit des Königs Hiskia und seiner Heilung durch den Propheten Jesaja erzählt.

Der spätere Psalm

1 Für den Chorleiter. Ein Saitenspiel Davids.
2 Wohl dem, der auf den Geringen achtet!
Am Tag des Unheils wird Jahwe ihn retten.
3 Jahwe wird ihn bewahren und am Leben erhalten
Es wird ihm wohlergehen.
im Land.
Und gib ihn nicht preis der Gier seiner Feinde!
4 Jahwe wird ihn stützen auf dem Siechbett.
Sein ganzes Lager hast du gewendet in seiner Krankheit.
5 Ich sprach:
Jahwe, sei mir gnädig,
heile meine Lebenskraft!
Denn ich habe gefehlt gegen dich.
6 Meine Feinde reden Böses über mich:
«Wann stirbt er und erlischt sein Name?»
7 Immer wenn einer kommt zu sehen, redet er Falsches.
Sein Herz sammelt sich Unheil. Er geht hinaus, redet.
8 Vereint gegen mich murmeln Beschwörungen
alle, die mich hassen.
Gegen mich planen sie Böses:
9 «Verderben ist über ihn ausgegossen,
und wer liegt, wird nicht mehr aufstehen.»
10 Sogar wer mit mir in Frieden war,
wem ich vertraute,
wer mein Brot isst,
hat gegen mich die Ferse erhoben.
11 Du aber, Jahwe, sei mir gnädig und richte mich auf,
dass ich ihnen vergelte.
12 Daran habe ich erkannt, dass du Gefallen an mir hast,
wenn mein Feind nicht über mich jauchzen wird.
13 Mich aber, in meiner Unschuld hast du mich gestützt
und mich vor dein Angesicht gestellt für immer.
14 Gepriesen sei Jahwe, der Gott Israels,
von Ewigkeit zu Ewigkeit! Amen! Amen!

Das Königsgebet ist mit der Zitat-Formel «Ich sprach» (Vers 5) Teil eines größeren Psalms geworden. Jetzt gilt als Sprecher einer der Frommen. Er zeigt seine Gottesfurcht in seinem Sündenbewusstsein. Die Krankheit gilt ihm als Strafe: «Denn ich habe gefehlt gegen dich» (wie Psalm 51,6). Seinen Fehler sieht er darin, dass er auf Menschen vertraut hat (Zusatz in Vers 10), statt sich auf Jahwe zu verlassen.

Das alte Gebet dient nur noch als Rückblick. Die Not ist längst überwunden. Die Feinde haben nicht triumphiert. Das bezeugt der Beter in einem Anhang, der mit den Worten «Daran habe ich erkannt» einsetzt. Er ist gewiss, dass Jahwe ihm sein Wohlgefallen geschenkt hat und sein Gebet erhören wird. Mit seinem Sündenbekenntnis hat der Fromme seine Integrität zurückgewonnen. Er hat den Vorsatz «Ich aber, ich will in Unschuld wandeln» (Psalm 26,11) wahr gemacht, und deshalb hat Jahwe ihn gestützt und wieder aufgerichtet. Jetzt steht er für immer vor dem Angesicht Jahwes, in Jahwes Heiligtum und in seiner Gunst.

In einem Vorspann wird das Geschick des Frommen zum Beispiel erklärt. Seine Haltung wird zur Nachahmung empfohlen. Solche Preisungen sind in den Psalmen häufig. Der heutige Psalter beginnt sogar mit dem Motto: «Wohl dem, der nicht wandelt im Rat der Frevler!» Die meisten Belege dieser Redeweise sind auf die Tora-Frömmigkeit bezogen.

«Auf den Geringen achten» ist wahrscheinlich nicht im Sinne von barmherziger Fürsorge zu verstehen, sondern der Fromme will sich den Geringen zum Vorbild nehmen. (Das Verb *śkl* im Kausativstamm bedeutet «genau betrachten, einsichtig sein, erfolgreich sein».) Dessen Demut ist die Gewähr dafür, dass Jahwe ihn «am Tag des Unheils» bewahren wird (vergleiche Zefanja 2,3). Damit ist nicht nur die gegenwärtig drohende Not gemeint, sondern die Endkatastrophe und das Weltgericht. Der Gerechte wird die Rettung schon jetzt erfahren: Jahwe lässt ihn von seinem Krankenlager erstehen.

Psalm 41 ist der Abschluss einer Sammlung, die Psalm 3–41 umfasst und wahrscheinlich einmal für sich bestanden hat. Die

Sammlung wurde durch eine kurze Lobformel beschlossen: «Gepriesen sei Jahwe, der Gott Israels, von Ewigkeit zu Ewigkeit! Amen! Amen!» Heute markiert sie die Zäsur zwischen dem ersten und dem zweiten Teil des fünfteiligen Gesamtbuchs.

DIE SCHÖNHEIT DES KÖNIGS

Psalm 45,2–10.17

Mein Herz sprudelt über von einem guten Wort,
ich spreche mein Gedicht für den König,
meine Zunge ist der Griffel eines geschickten Schreibers:
Schön bist du, schöner als die Menschen,
Anmut ist ausgegossen über deine Lippen.
Gürte dein Schwert um die Hüfte, du Held,
deine Hoheit und deinen Glanz!
Besteige den Wagen für die treue und gerechte Sache,
und deine Rechte lehre dich furchtbare Taten!
Deine Pfeile seien geschärft
im Herzen der Feinde des Königs!
Dein Thron wird immer und allezeit bleiben,
ein Zepter des Rechts ist das Zepter deines Königtums.
Myrrhe und Aloe, Zimtblüten sind all deine Gewänder,
aus Elfenbeinpalästen erfreut dich Saitenspiel.
Königstöchter sind unter deinen Teuren,
die Königinmutter steht zu deiner Rechten in Gold
aus Ofir.
An die Stelle deiner Väter werden deine Söhne treten,
du machst sie zu Fürsten auf der ganzen Erde.

In einer ungewöhnlichen dreigestaffelten Aussage spricht der Dichter zu Beginn über sein Tun. Sein Herz fließt über wie eine Quelle. Aus ihr strömt ein gutes, das heißt schönes und vollkommenes Wort. Dass der Dichter seine Zunge als Griffel eines geschickten Schreibers bezeichnet, lässt erkennen, dass die

Dichtung für die Niederschrift gedacht war. Zugleich zeigt sich daran, wie hoch am Königshof die Schreibkunst geschätzt wurde.

Das Gedicht wurde wohl beim Fest der Thronbesteigung vorgetragen. Es preist die Erscheinung des Königs. Seine übermenschliche Schönheit entspricht der Weltordnung, die sich wiederum seiner Herrschaft verdankt. Sie ist zugleich das sichtbare Zeichen dafür, dass er zur Herrschaft befähigt ist. In der Anmut, die wie kostbarer Wein über seine Lippen fließt, zeigt sich die Gunst und Treue, mit der sich der König der Bevölkerung zuwendet. Umgekehrt gilt: Wer ein reines Herz und anmutige, treue Lippen hat, dessen Freund ist der König (Sprüche 22,11).

Der assyrische König Adad-Nārārī II. (911–891 v. Chr.) rühmte sich in einer Inschrift, dass die Götter ihm das vollkommene Aussehen eines Herrschers verliehen haben:

> Die großen Götter … erschufen mich in richtiger Weise …, sie wandelten meine Gestalt zu einer Herrschergestalt, sie machten die Erscheinung meiner Gesichtszüge mit Recht vollkommen, sie erfüllten meinen Herrscherleib mit Weisheit.

Von dem urzeitlichen König Gilgamesch erzählte man, er sei «strotzend an Kraft und von strahlender Schönheit» gewesen. Ein babylonischer Mythos vom Anfang des ersten Jahrtausends v. Chr. schildert, wie der Weisheitsgott Ea die Herrin der Götter beauftragt hat, den König als einen besonderen Menschentypus zu erschaffen, der sich von dem gewöhnlichen *lullû*-Menschen unterscheidet:

> Ea begann zu sprechen und richtete an Bēlet-ilī das Wort: «Bēlet-ilī, die Herrin der großen Götter, bist du. Du hast den lullû-Menschen geschaffen: bilde nun den König, den Ratgeber-Menschen! Mit Gutem umhülle seine ganze Gestalt, forme seine Züge eben, erschaffe seinen Leib!» Da bildete Bēlet-ilī den König, den Ratgeber-Menschen.

Die vollkommene Schönheit, mit der die Göttin den Leib des königlichen Menschen ausstattet, entspricht der Weisheit und Entscheidungskraft, die sie in ihn hineinlegt.

Der königliche Held ist beauftragt, in den Kampf zu ziehen. Wie er sich mit seinem Schwert gürtet, so auch mit Hoheit und Pracht, dem Glanz, der auch Jahwe umgibt (Psalm 104,1). Die Waffe, die er trägt, ist die Waffe des Gottes, die dieser ihm übergeben hat. Mit furchtbaren Taten gegen seine Feinde soll er seine treue und gerechte Herrschaft durchsetzen. Am Ende des mittleren Teils rühmt der Dichter, dass der Thron des Königs für alle Zeiten bestehen bleibt. Das Du, das er hier an den König richtet, gilt der gesamten Dynastie, von der man hoffte, dass sie nie abbrechen würde.

Das Motiv des gerechten Zepters war verbreitet, so in einem Gebet aus dem Ritual für die Krönung des assyrischen Großkönigs Assurbanipal (669–631/627 v. Chr.):

> Die großen Götter mögen seine Regentschaft festigen …, ein gerechtes Zepter zur Erweiterung des Landes und seiner Bewohner mögen sie ihm geben. Dadurch dass sich seine Regentschaft stets erneuere, mögen sie den Thron seiner Herrschaft auf immer festigen.

In diesem Beispiel verbindet sich wie in Psalm 45 das gerechte Zepter mit dem Wunsch, die königliche Herrschaft möge für immer bestehen.

Im letzten Teil des Psalms rühmt der Dichter den Reichtum des königlichen Palasts. Die Kleider des Königs sind von wohlriechenden Aromen so sehr durchdrungen, dass sie ganz daraus zu bestehen scheinen. Die Palasträume sind mit Elfenbeinschnitzereien getäfelt und von Saitenklängen erfüllt. Zum Harem gehören auch Prinzessinnen aus anderen Reichen. Der Königinmutter, hier mit einem akkadischen Lehnwort «die (Herrin) des Palasts» genannt, kam der Platz zur Rechten des Königs zu (1. Könige 2,19). Sie trägt Schmuck aus Ofir, einem sagenumwobenen Goldland, das sich im südlichen Arabien oder an der somalischen Küste befand.

Zuletzt blickt der Dichter auf die Söhne, die dem König geboren werden. Mit der Folge der Generationen kommt noch einmal die königliche Dynastie in den Blick. Zugleich aber wird gesagt, dass der König seine Söhne auf der ganzen Erde als Vasallen einsetzt. Sie haben an seiner weltweiten Herrschaft teil.

ZUR VERMÄHLUNG MIT DER KÖNIGSGEMAHLIN

Psalm 45,11–16

Höre, Tochter, und sieh und neige dein Ohr,
und vergiss dein Volk und dein Vaterhaus!
Und der König begehre deine Schönheit,
denn er ist dein Herr, so wirf dich vor ihm nieder!
All ihre Herrlichkeit ist drinnen,
aus goldgewirkten Stoffen ist ihr Gewand.
In bunten Kleidern wird sie zum König geführt,
Jungfrauen hinter ihr, ihre Gefährtinnen.
Sie werden hineingeführt mit Freude und Jauchzen,
sie treten ein in den Königspalast.

Im Rahmen von Psalm 45 steht ein zweites Gedicht. Dessen Anlass war, dass eine Königstochter dem König zugeführt wurde. Einleitend wird sie angeredet. Sie soll vor dem König niederfallen. Damit wird sie aus dem Rechtsbereich ihrer Herkunft in denjenigen ihres königlichen Gemahls übergehen. Auf ihre Schönheit richtet sich das königliche Begehren.

Im ugaritischen Kirtu-Epos wird erzählt, wie König Kirtu, nachdem er Frau und Nachkommen verloren hat, einen anderen König belagert, um ihn zu zwingen, seine außergewöhnlich schöne Tochter als Braut herauszugeben:

Gib, was in meinem Haus fehlt,
gib mir das Mädchen Ḥurriya,
den lieblichen Spross, deine Erstgeborene,

deren Liebreiz wie der Liebreiz der ʿAnatu ist,
   deren Schönheit wie die Schönheit der ʿAschtartu ist,
deren Pupillen wie zwei Lapislazuli-Steine sind,
   deren Augäpfel wie zwei kostbare Schalen sind, …
um dem Kirtu einen Nachkommen zu gebären,
   ja, dem Knecht des Ilu einen Jüngling!

Ihre Schönheit, die sie mit den Göttinnen teilt, lässt erwarten, dass die junge Frau den ersehnten Thronfolger gebären wird. Die Ehre und Herrlichkeit des Königs spiegelt sich in ihren luxuriösen Gewändern. Sie wird von ihren Jungfrauen begleitet. Wie bei der Thronbesteigung des Königs geschieht die Vermählung unter Freude und Jauchzen.

Der spätere Psalm 45

1 Für den Chorleiter, nach (der Weise) Lotosblüten.
Von den Korachitern. Ein Lehrgedicht. Ein Liebeslied.
2 Mein Herz sprudelt über von einem guten Wort,
ich spreche mein Gedicht für den König,
meine Zunge ist der Griffel eines geschickten Schreibers:
3 Schön bist du, schöner als die Menschen,
Anmut ist ausgegossen über deine Lippen.
   Darum hat dich ‹Jahwe› gesegnet für immer.
4 Gürte dein Schwert um die Hüfte, du Held,
deine Hoheit und deinen Glanz!
5   Und dein Glanz: Habe Gelingen!
Besteige den Wagen
für die treue und [demütig]-gerechte Sache,
und deine Rechte lehre dich furchtbare Taten!
6 Deine Pfeile seien geschärft
   Völker sollen unter dich fallen!
im Herzen der Feinde des Königs!
7 Dein Thron, ‹Jahwe [Gott]›, ist immer und allezeit,
ein Zepter des Rechts ist das Zepter deines Königtums.

8 Du liebst Gerechtigkeit und hasst Frevel,
darum hat dich ‹Jahwe›, dein Gott, gesalbt
mit Freudenöl wie keinen deiner Gefährten.
9 Myrrhe und Aloe, Zimtblüten sind all deine Gewänder,
aus Elfenbeinpalästen erfreut dich Saitenspiel.
10 Königstöchter sind unter deinen Teuren,
die Königinmutter steht zu deiner Rechten in Gold aus Ofir.
11 Höre, Tochter, und sieh und neige dein Ohr
und vergiss dein Volk und dein Vaterhaus!
12 Und der König begehre deine Schönheit,
denn er ist dein Herr, so wirf dich vor ihm nieder!
13 Und da ist die Tochter Tyros –
mit Gaben schmeicheln deinem Antlitz
die Reichsten der Völkerwelt.
14 All ‹ihre Herrlichkeit› ist ‹die der Königstochter› drinnen,
aus goldgewirkten Stoffen ist ihr Gewand.
15 In bunten Kleidern wird sie zum König geführt,
Jungfrauen hinter ihr, ihre Gefährtinnen,
[hineingebracht zu dir].
16 Sie werden hineingeführt mit Freude und Jauchzen,
sie treten ein in den Königspalast.
17 An die Stelle deiner Väter werden deine Söhne treten,
du machst sie zu Fürsten auf der ganzen Erde.
18 Ich will deinen Namen kundtun in jedem Geschlecht!
Darum werden dich die Völker
für immer und ewig preisen.

Weit nach dem Ende des Königtums erhielt das idealisierte Bild, das in dem Psalm vom König gezeichnet wird, einen neuen Sinn. Man sah darin den messianischen Herrscher, dessen Ankunft man sehnlich erhoffte. Die Anmut (*ḥēn*), die auf die Lippen des Königs ausgegossen ist, verstand man jetzt als die Treue, die den Messias mit dem Gott Israels verbindet, der dessen Herrschaft für immer segnen wird (Vers 3). Weil der Messias die Tora befolgt, wird ihm alles gelingen (Josua 1,8; Psalm 1,3). Seine Gerechtigkeit besteht in seiner frommen Demut vor Gott (Vers 5).

Der Messias wird die gottgewollte Weltordnung wiederherstellen (vergleiche Psalm 2). Er wird die feindlichen Völker, die das Gottesvolk bedrohen, unterwerfen (Vers 6). Weil er die göttliche Gerechtigkeit liebt und das frevlerische Übertreten der Tora hasst, wird er von Jahwe mit dem Öl der Freude gesalbt (Vers 8). In der späten Weissagung Jesaja 61,3 ist verheißen, dass solches Öl die gegenwärtige Trauer der Zionsgemeinde in Freude verwandeln wird.

Am Ende des Psalms verspricht der Dichter, den Namen des kommenden Königs allen Generationen kundzutun (vergleiche Jesaja 49,1). Die Völker sollen ihn allezeit preisen (Vers 18; vergleiche Psalm 72,8–11.17).

In Vers 7 wurde das Verb «er wird bleiben» (*jihjæh*) von einem Schreiber mit dem hebräischen Gottesnamen «Jahwe» verwechselt. Später wurde der vermeintliche Gottesname durch das Appellativum «Gott» ersetzt, wie man es in den Psalmen 42–83 häufig getan hat. «Dein Thron *wird bleiben* immer und allezeit» wurde zu «Dein Thron, *Gott, ist* immer und allezeit». Im Licht dieser Aussage scheint sich der Psalm an den göttlichen König zu richten. Mit dieser Lesart ließ sich in der königlichen Braut die Tochter Zion, das personifizierte Jerusalem, erkennen (vergleiche Jesaja 62). Das weckte die Erwartung, die gesamte Völkerwelt, angeführt von der «Tochter Tyrus», der reichen phönizischen Hafenstadt, werde ihre Reichtümer zum Zion tragen, um sich der Tochter Zion als Jahwes Braut zu unterwerfen (Vers 13; vergleiche Jesaja 60,1–14).

DER MYTHOS VOM WELTENBERG

Psalm 48

Groß ist Jahwe
  und sehr zu loben.
Sein heiliger Berg
  ist gipfelschön,
  die Freude der ganzen Erde.
Der Berg Zion,
  der allerhöchste Nordberg,
  ist die Stadt des großen Königs.
Jahwe in ihren Palästen
  hat sich als Schutz erwiesen;
  Jahwe befestigt sie für immer.

Der Psalm besingt den Zion als den mythischen Weltenberg, auf dem Jahwe seinen Wohnsitz hat. Er beginnt ähnlich wie Psalm 104: «Jahwe, mein Gott, du bist sehr groß». Dass man von der Größe der Götter sprach, war verbreitet. In Babylon wurden Nabû und Marduk als «großer Herr» angerufen.

Auf die kurze Fanfare folgen drei dreizeilige hymnische Rufe. Im ersten Ausruf wird der Berg als Mitte des Kosmos gesehen. Als Wohnsitz des Gottes ist er heilig. Sein Glanz strahlt aus in die ganze Welt. Wenn das Erdenrund den hochragenden Gipfel erblickt, weiß es, dass Jahwe als König regiert. Dann bricht die Erde in den rituellen Königsjubel aus (Psalm 97,1; 98). Die Schönheit des Gipfels ist eine königliche Eigenschaft (Psalm 45,3).

Im zweiten rühmenden Ausruf wird der Zion als der allerhöchste Nordberg gepriesen, als Zaphon. So hieß der nordsyrische *Djebel el-Aqra'*, der an der Küste des Mittelmeeres bis zu einer Höhe von rund 1770 Metern aufragt. In der späten Bronzezeit galt der Zaphon, dessen Gipfel im Winterhalbjahr von Wolken umgeben ist, als Wohnsitz des Wettergottes Ba'al. Der Berg selbst besaß göttliche Qualität. In der hellenistischen Zeit verehrte man dort den griechischen Zeus. Der Kult des Zaphon-Bergs ist im ersten Jahrtausend v. Chr. auch an anderen Orten des Mittelmeerraums bezeugt. In Psalm 48 wird der Jerusalemer Zion mit dem Zaphon gleichgesetzt. Das Hebräische spielt mit dem ähnlichen Klang der Namen *Ṣāpôn* und *Ṣijjôn*. Auf dem Zion liegt die Stadt Jahwes, des göttlichen «Großkönigs». Der Titel «großer König» ist auch für den mesopotamischen Wettergott Adad und für den hethitischen Sonnengott belegt.

Daran, dass Jahwe in den Palästen der Stadt seinen Wohnsitz genommen hat, zeigt sich die politische Seite seines Königtums. Der irdische König, der dort residiert, verdankt seine Macht Jahwe. Jahwes Gegenwart macht die Stadt uneinnehmbar. Er befestigt sie für immer, so wie er die Erdscheibe über den tosenden Fluten des Urmeeres gegründet hat (Psalm 24,2).

In der ugaritischen Epik wurde der Zaphon in fast gleichlautenden Worten als «Berg des Ba'al», «sein Heiligtum», «lieblicher Berg des Triumphs» und als «heilige und mächtige Burg» gepriesen. Das nordmesopotamische Arbela (heute Erbil in Kurdistan), eines der Zentren des neuassyrischen Reiches, wo sich ein Haupttempel der Himmelsgöttin Ischtar befand, konnte auf eine Weise besungen werden, die an Psalm 48 erinnert. Auch in diesem Hymnus wird die Residenzstadt der Gottheit als Mitte des Kosmos gepriesen:

Arba'ilu, Arba'ilu!
Himmel ohnegleichen: Arba'ilu!
Stadt der Jubelgesänge: Arba'ilu!
Stadt der Festlichkeiten: Arba'ilu!
Stadt der Häuser voll Freuden: Arba'ilu!

Heiligtum von Arba'ilu, erhabenes Gasthaus!
Geräumiger Tempel, Hochsitz der Lustbarkeiten!
Lebendig ist Arba'ilu, hoch [seine] Kultstätten!
Stadt der Prachtentfaltung: Arba'ilu!
Wohnsitz der Freuden: Arba'ilu!
Arba'ilu, Haus des Verstandes und des Rates!
Band (aller) Länder: Arba'ilu!
Die die uralten Riten dauerhaft macht: Arba'ilu!
Wie der Himmel steht Arba'ilu da,
seine Fundamente sind fest wie die [der Erde]!
Arba'ilus Häupter sind hoch, sie kommen dem Himmel gleich,
ihr Ebenbild ist Babylon, ihre Entsprechung die Sta[dt Assur]!
O erhabene Kultstätte, Hochsitz der Schicksalsbestimmungen, Tor des Himmels!
[...] Ischtar wohnt darin, Nanaja, die Tochter des Sin!

Der spätere Psalm

1 Ein Lied. Ein Saitenspiel der Korachiter.
2 Groß ist Jahwe
und sehr zu loben
in der Stadt unseres Gottes.
Sein heiliger Berg
3 ist gipfelschön,
die Freude der ganzen Erde.
Der Berg Zion,
der allerhöchste Nordberg,
ist die Stadt des großen Königs.
4 ‹Jahwe› in ihren Palästen
hat sich als Schutz erwiesen.
5 Denn siehe, Könige kamen zusammen,
sie zogen gemeinsam herüber.
6 Sobald sie sahen, entsetzten sie sich,
wurden bestürzt, liefen davon.
7 Zittern ergriff sie dort,
Wehen wie eine Gebärende.

8 Mit einem Ostwind
zerschmetterst du Tarsisschiffe.
9 Wie wir gehört haben,
so haben wir gesehen
in der Stadt Jahwes der Heerscharen,
in der Stadt unseres Gottes.
‹Jahwe› befestigt sie für immer. SELA
10 Wir haben, ‹Jahwe›, deine Huld begriffen,
als wir in deinem Tempel waren.
11 Wie dein Name, ‹Jahwe›,
so reicht dein Lob
über die Enden der Erde;
mit Gerechtigkeit ist deine Rechte gefüllt!
12 So freue sich der Berg Zion,
jauchzen sollen die Töchter Judas
um deiner Gesetze willen!
13 Umkreist Zion und umrundet es,
zählt seine Türme!
14 Merkt euch seine Vormauer,
erkundet seine Paläste,
dass ihr erzählen könnt
dem künftigen Geschlecht!
15 Denn dieser ist ‹Jahwe›, unser Gott, immer und allezeit,
er wird uns führen.

An den umfangreichen Erweiterungen ist zu erkennen, wie sich die Verehrung des Gottes Jahwe in den Jahrhunderten der nachköniglichen Zeit gewandelt hat. Der Psalm wurde einer Gruppe von Pilgern in den Mund gelegt, die aus weiter Ferne zur Gottesstadt auf dem heiligen Berg gereist waren. Darin spiegelt sich die Situation der frühjüdischen Diaspora, die den Zion als ihr religiöses Zentrum betrachtete. Was die Pilger zuvor nur vom Hörensagen kannten, haben sie jetzt mit eigenen Augen gesehen (Vers 9). Als sie den Tempel betraten, konnten sie die huldvolle Nähe Jahwes erleben (Vers 10). Am Schluss richtet sich der Psalm direkt an die Pilger. Sie sollen die Eindrücke, die sie vom Zion bekommen haben, an die künftigen Generationen weitergeben (Verse 13–14). Im Heiligtum sehen sie die Gegenwart ihres Gottes Jahwe geradezu verkörpert (Vers 15).

Dass das Wallfahrtslied den Zion so stark hervorhebt, könnte eine polemische Spitze haben. Zur selben Zeit gab es auf dem Berg Garizim bei Sichem, dem heutigen Nablus, einen bedeutenden Tempel Jahwes, der dem Tempel in Jerusalem Konkurrenz machte. In der hellenistischen Epoche kam es zwischen den beiden Heiligtümern immer mehr zum Konflikt.

Die Verse 5–8 erzählen von einem vergeblichen Angriff auf den Zion. Ein Bündnis fremder Könige hatte sich dem Zion in feindlicher Absicht genähert. Als sie den Berg und den dort wohnenden Jahwe erblickten, wurden sie von panischer Furcht überwältigt und ergriffen die Flucht. Ein ähnliches Wunder wurde von der Rettung am Schilfmeer erzählt. Nachdem Jahwe dort sein Volk vor den Ägyptern gerettet hatte, wurden die anderen Völker von Angst und Schrecken gepackt. Gleiches erwartete man für das kommende Weltgericht (Psalm 2,2–5; Jesaja 13,8).

Wie Jahwes heiliger Berg die ganze Erde erfreut, so soll die Kunde von Jahwes Namen und der Lobgesang bis ans Ende der Erde reichen (Verse 11–12). In Jahwes Hand liegt Gerechtigkeit und leitet ihn bei seinem Handeln (Jesaja 41,10). Dem Gottesvolk Israel ist sie in der Tora offenbart. Darüber jubeln der Zionsberg und die Töchter Judas, die Jahwes Gesetze kennen.

HILFERUF GEGEN WIDERSACHER

Psalm 54

Jahwe, hilf mir durch deinen Namen
und schaffe mir Recht durch deine Heldenkraft!
Denn Fremde sind aufgestanden gegen mich,
und Gewalttäter trachten mir nach dem Leben.
Das Böse wird zu meinen Widersachern zurückkehren.
In deiner Treue vertilge sie!
Aus freien Stücken will ich dir opfern,
will deinem Namen danken, denn er ist gut,
denn er hat mich aller Not entrissen,
und mein Auge hat auf meine Feinde gesehen!

Der Beter ist von Feinden umringt und bittet Jahwe um Beistand. Dass Jahwe seinen Namen wie eine Waffe gebrauchen soll, erinnert an den Titel «Name des Baʿal», den die Göttin Astarte trug. In Ugarit galt die Göttin als Waffe des Baʿal. Ihr Fluch bringt Baʿals Gegner zur Strecke. Dahinter stand die magische Vorstellung, dass das Aussprechen des Gottesnamens einem Fluchwort handgreifliche Wirkung verlieh.

Die Feinde sind «Fremde», eine rhetorische Figur, die in den altorientalischen Königtümern häufig verwendet wurde. Sie sind gegen den Beter «aufgestanden», haben sich also gegen seine Herrschaft erhoben. Wie in zahllosen Königsinschriften gelten sie als Gewalttäter. Jahwe wird angerufen, damit er als Richter über die Feinde sein Urteil spricht. Durch den Sieg des Königs wird das göttliche Gerichtsurteil vollstreckt.

Die böse Tat wird sich gegen ihre Urheber wenden. In der

höfischen Weisheit konnte man diese Rückwirkung auch ohne die Gottheit denken: «Was die Hände des Menschen tun, kehrt zu ihm zurück» (Sprüche 12,14). Hier aber gesellt sich zu dem Wunsch die Bitte: Jahwe soll dem Beter Treue erweisen und dessen Feinde vertilgen.

Abschließend gelobt der Beter, seinem Gott ein Dankopfer darzubringen. Das Gelübde unterstreicht, dass er der Wirkung seines Gebets sicher ist. Noch einmal klingt an, dass der göttliche Name eine Waffe ist, die aus Feindesnot rettet. Der Beter wird auf die besiegten Feinde herabblicken. Ebenso sagt der König Mescha aus dem ostjordanischen Königreich Moab (9. Jahrhundert v. Chr.) auf seiner Siegesstele, dass er die unterworfenen Feinde triumphierend anblickt.

Der spätere Psalm

1 Für den Chorleiter, zur Begleitung mit Saiten.
Ein Lehrgedicht Davids,
2 als die Sifiter kamen und zu Saul sprachen:
Verbirgt sich nicht David bei uns?
3 ‹Jahwe›, hilf mir durch deinen Namen
und schaffe mir Recht durch deine Heldenkraft!
4 ‹Jahwe›, höre mein Gebet,
nimm zu Ohren die Worte meines Mundes!
5 Denn Fremde sind aufgestanden gegen mich,
und Gewalttäter trachten mir nach dem Leben.
Sie haben sich ‹Jahwe› nicht vor Augen gestellt. SELA
6 Siehe, ‹Jahwe› ist mein Helfer,
mein Herr ist einer, der mich stützt.
7 ‹Er lasse› das Böse zu meinen Widersachern zurückkehren,
in deiner Treue vertilge sie!
8 Aus freien Stücken will ich dir opfern,
will deinem Namen[, Jahwe,] danken, denn er ist gut,
9 denn er hat mich aller Not entrissen,
und mein Auge hat auf meine Feinde gesehen!

Auf die ursprüngliche Eröffnung folgt jetzt die Bitte: «Jahwe, höre mein Gebet!» Die Erhörung und damit das Verhältnis des Beters zu seinem Gott wird zu einem eigenen Motiv. Ähnliche Bitten wurden auch in anderen Psalmen hinzugefügt. Der Beter ist sich gewiss, dass seine Feinde zugrunde gehen werden, weil sie nicht mit Jahwe rechnen. Er aber wird den Beistand seines Gottes erfahren.

Mit der Überschrift wurde der Psalm als «Lehrgedicht Davids» verstanden. David soll den Psalm in jener Zeit gebetet haben, als er von Saul verfolgt wurde, denn der Beter spricht davon, dass seine Feinde auf der Suche nach ihm sind. In 1. Samuel 23 ist zu lesen, dass die Bewohner der judäischen Ortschaft Sif Saul verrieten, wo sich David versteckt hielt.

In den Psalmen 42–83 wurde an den meisten Stellen der Gottesname Jahwe durch Elohim («Gott») ersetzt. Eine noch spätere Hand hat in Vers 8 den Namen «Jahwe» nachgetragen.

NÄCHTLICHE KLAGE UND MORGENDLICHER LOBGESANG

Psalm 57

Sei mir gnädig, Jahwe, sei mir gnädig,
denn bei dir habe ich mich geborgen,
und im Schatten deiner Flügel will ich mich bergen,
solange das Verderben vorbeizieht.
Mein Leben ist unter die Löwen geraten,
ich muss liegen unter denen,
die Menschen verschlingen,
deren Zähne Speer und Pfeile sind
und deren Zunge ein scharfes Schwert.
Ein Netz haben sie meinen Füßen gestellt,
man hat mein Leben gebeugt,
sie haben vor mir eine Grube gegraben,
in die sie selber gefallen sind.

Fest ist mein Herz, Jahwe,
fest ist mein Herz,
ich will singen und aufspielen!
Wach auf, meine Herrlichkeit,
wach auf, Harfe und Leier,
ich will das Morgenrot wecken!
Erhebe dich über den Himmel, Jahwe,
über die ganze Erde breite sich deine Herrlichkeit!

In der Nacht begonnen, wird dieses Klagegebet unversehens zu einem morgendlichen Lobgesang. Im Kosmos wie in der Welt des Menschen ringen lebensfeindliche und lebensfreundliche Mächte unausgesetzt miteinander. Der Beter sucht Zuflucht in der schützenden Sphäre des Tempels unter den Flügeln Jahwes.

Auf dem Nachtlager sieht sich der Beter wie von Löwen umzingelt, die ihn verschlingen wollen. Ihre Zähne sind wie Pfeilspitzen, Speere und Schwerter. Im Hebräischen beginnen diese drei Wörter mit dem Buchstaben *ḥ* («ch»). Man hört die Schärfe der Waffen. Jäger wollen den Beter mit Netz und Fallgrube fangen. Gegen Morgen aber verlieren die nächtlichen Dämonen ihre Macht. Die Jäger stürzen in die eigene Grube (vergleiche Sprüche 26,27). Der Beter stimmt den Lobgesang an. Wie Jahwe die Erde befestigt (Psalm 24,2; 93,1), kann auch das Herz des Beters in Jahwes Obhut fest sein. Auch er wankt nicht (Psalm 13,5). Das kosmische und das persönliche Geschick entsprechen einander.

Der Lobgesang ist aus zwei Dreizeilern im Stufenparallelimus gebildet. Diese poetische Form, die den Vers schrittweise wiederholend und weiterführend aufbaut, findet sich auch in der epischen Dichtung aus Ugarit. Das Gotteslob mit Harfe und Leier besaß eine geradezu beschwörende Kraft. Als der Morgen anbricht, weckt der Beter zuerst seine eigene «Herrlichkeit», das ist die wiederhergestellte Würde seiner Person. Dann weckt er die Musik: «Psalter und Harfe, wacht auf! Lasset den Lobgesang hören!» In Ugarit wurde die Kastenleier sogar göttlich verehrt. Man brachte ihr Opfer dar. Der morgendliche Gesang und das Leierspiel dringen bis zum Rand des Erdkreises, sodass das Morgenrot, das hinter dem Horizont schläft, davon erwacht. Auch das Morgenrot ist eine (männliche) Gottheit.

Das Gebet endet mit dem Ruf: «Erhebe dich über den Himmel, Jahwe, über die ganze Erde breite sich deine Herrlichkeit!» Jahwes Herrlichkeit geht auf wie die Sonne, die auf das Morgenrot folgt. Der Personenname *Jaho-zaraḥ* «Jahwe-ist-aufgegangen», der im achten und siebten Jahrhundert im Königreich Juda mehrfach inschriftlich bezeugt ist, belegt, dass man Jahwe mit der Sonne gleichsetzen konnte.

Der spätere Psalm

1 Für den Chorleiter. (Weise:) Verdirb nicht!
Von David, ein *miktam*,
als er vor Saul floh, in der Höhle.
2 Sei mir gnädig, ‹Jahwe›, sei mir gnädig,
denn bei dir habe ich mich geborgen,
und im Schatten deiner Flügel will ich mich bergen,
solange das Verderben vorbeizieht.
3 Ich rufe zu ‹Jahwe›, dem Höchsten,
zu dem Gott, der es für mich hinausführt.
4 Er sende vom Himmel und rette mich,
es lästert, der nach mir schnappt. SELA
‹Jahwe› sende seine Huld und seine Treue!
5 Mein Leben ist unter die Löwen geraten,
ich muss liegen unter denen, die Menschen verschlingen,
deren Zähne Speer und Pfeile sind
und deren Zunge ein scharfes Schwert.
6 Erhebe dich über den Himmel, ‹Jahwe›,
über die ganze Erde breite sich deine Herrlichkeit!
7 Ein Netz haben sie meinen Füßen gestellt,
man hat mein Leben gebeugt,
sie haben vor mir eine Grube gegraben,
in die sie selber gefallen sind. SELA
8 Fest ist mein Herz, ‹Jahwe›,
fest ist mein Herz,
ich will singen und aufspielen!
9 Wach auf, meine Herrlichkeit,
wach auf, Harfe und Leier,
ich will das Morgenrot wecken!
10 Ich will dich preisen unter den Völkern, mein Herr,
will dir aufspielen unter den Nationen!
11 Denn groß bis zum Himmel ist deine Huld
und bis zu den Wolken deine Treue.
12 Erhebe dich über den Himmel, ‹Jahwe›,
über die ganze Erde breite sich deine Herrlichkeit!

In den Beginn des Psalms wurde ein Bekenntnis eingeschoben. Darin wird die Anrede an Jahwe verlassen (Verse 3–4). Jahwe wird als «Eljon» (höchster Gott) gepriesen, dessen Thron im Himmel ist. In der älteren Zeit war der höchste Gott eine eigene Gottheit. Später wurde er mit Jahwe gleichgesetzt. Die hinzugefügten Verse unterstreichen, dass Jahwe die Macht hat, den Beter zu retten.

Der Gebetsruf «Erhebe dich über den Himmel, Jahwe, über die ganze Erde breite sich deine Herrlichkeit!», mit dem der alte Psalm endete, wurde später in der Mitte des Psalms wiederholt (Vers 6). In Vers 10–11 werden die Völker als Zeugen des Loblieds aufgeboten. Jahwes Huld und Treue füllen die ganze Lebenswelt bis hinauf zu den Wolken. So erreichen sie wirklich alle Verehrer Jahwes weltweit. Darin spiegelt sich die Lage des entstehenden Judentums, das seine Identität in der Zerstreuung gewann.

In Vers 4 wurde der Psalm mit dem vorangehenden verknüpft. Dass der Lästerer nach dem Beter «schnappt», verweist auf Psalm 56,2–3. Die Überschrift nennt eine musikalische Weise, die mit den Worten «Verdirb nicht» begann. Sie wird auch für die Psalmen 58 und 59 erwähnt.

Die Bedeutung des Wortes *miktam* ist unbekannt. David soll den Psalm gesungen haben, als er sich vor Saul auf der Flucht befand und sich in einer Höhle versteckte (1. Samuel 22,1; 24,4).

GEBET IN SCHWERER MILITÄRISCHER BEDRÄNGNIS

Psalm 59

Entreiße mich meinen Feinden, Jahwe,
schütze mich vor denen, die sich gegen mich auflehnen!
Denn siehe, sie haben mir einen Hinterhalt gelegt,
Starke greifen mich an.
Ohne meine Schuld rennen sie an und stellen sich auf.
Erwache mir entgegen und sieh!
Jeden Abend kommen sie wieder,
heulen wie die Hunde
und umkreisen die Stadt.
Schüttle sie durch deine Macht und stürze sie hinab,
vertilge im Zorn, vertilge, dass sie nicht mehr sind!
Ich aber will von deiner Stärke singen
und jeden Morgen jubeln über deine Huld,
denn du bist mir ein Schutz geworden
und eine Zuflucht an dem Tag, da ich bedrängt war.

Wie in den Psalmen 3 und 54 werden die Feinde als Rebellen gezeichnet, die sich gegen die rechtmäßige Herrschaft des Königs auflehnen. Die Aufständischen verletzen den Treueeid, den sie dem König geleistet haben, und sind im Unrecht. Sie haben einen Hinterhalt gelegt. Sie stellen sich zur Schlacht auf. Sie umkreisen die Stadt wie heulende Hunde. Ähnlich lautet ein Opfergebet aus Ugarit, das für den Fall bestimmt ist, dass ein Feind die Stadt belagert:

Wenn ein Starker eure Tore angreift,
ein Krieger eure Mauern,
dann erhebt eure Augen zu Baʿal:
«O Baʿal, wirst du den Starken denn nicht von unseren Toren vertreiben,
den Krieger von unseren Mauern?
Einen Stier, o Baʿal, wollen wir dir opfern,
ein Opferversprechen, Baʿal, wollen wir dir erfüllen! [...]
Zum Heiligtum Baʿals wollen wir hinaufgehen,
den Weg zum Haus Baʿals wollen wir beschreiten!»
Dann hört Baʿal auf euer Gebet:
Er wird den Starken von euren Toren vertreiben,
den Krieger von euren Mauern.

Der König weckt Jahwe mit seinem Gebet. Er soll im Zorn die Feinde von der Mauer stoßen und sie «schütteln», wie er nach Exodus 14,27 die Ägypter ins Meer geschüttelt hat. Man dachte, dass auch Götter schlafen. Von dem Propheten Elia wird erzählt, wie er den Gott Baʿal verspottet: «Vielleicht ist er über Land, vielleicht schläft er. Er soll aufwachen!» (1. Könige 18,27) Die Vorstellung ist auch in einem hethitischen Mythos belegt. Einer der Wettergötter hat im Zorn das Land verlassen und sich unter einen Baum schlafen gelegt. Eine Biene findet ihn und sticht ihn, sodass er erwacht.

Ebenso wie das ugaritische Opfergebet schließt der Psalm mit einem Gelübde. Wie die Feinde allabendlich gegen die Stadt anrennen, verspricht der König, Jahwe allmorgendlich ein jubelndes Danklied zu singen.

Der spätere Psalm

1 Für den Chorleiter. (Weise:) Verdirb nicht!
Von David, ein Epigramm (?).
Als Saul aussandte
und sie das Haus bewachten, ihn zu töten.

2 Entreiße mich meinen Feinden, mein Gott,
schütze mich vor denen, die sich gegen mich auflehnen!
3 Entreiße mich den Übeltätern,
und vor den Männern der Blutschuld hilf mir!
4 Denn siehe, sie haben mir einen Hinterhalt gelegt,
Starke greifen mich an,
ohne meinen Frevel und ohne meine Sünde, Jahwe!
5 Ohne meine Schuld rennen sie an und stellen sich auf.
Erwache mir entgegen und sieh!
6 Du aber, Jahwe – Gott – der Heerscharen,
bist der Gott Israels;
wach auf, heimzusuchen alle Völker!
Sei nicht gnädig allen, die treulos Übles tun! SELA
7 Jeden Abend kommen sie wieder,
heulen wie die Hunde
und umkreisen die Stadt.
8 Siehe, sie geifern mit ihrem Mund,
Schwerter sind auf ihren Lippen,
denn: Wer hört es schon?
9 Du aber, Jahwe, wirst über sie lachen,
du wirst spotten über alle Völker.
10 Meine Stärke, auf dich will ich achten,
denn Gott ist mein Schutz.
11 Der Gott meiner Huld komme mir entgegen,
Gott lasse mich auf meine Feinde sehen!
12 Töte sie nicht, dass sie mein Volk nicht vergessen,
schüttle sie durch deine Macht und stürze sie hinab,
unser Schild, mein Herr!
13 Die Sünde ihres Mundes ist das Wort ihrer Lippen,
und sie sollen sich in ihrem Hochmut verfangen
und wegen des Fluches und der Lüge, die sie erzählen.
14 Vertilge im Zorn, vertilge, dass sie nicht mehr sind!
Dass sie erkennen, dass Gott in Jakob herrscht,
bis zu den Enden der Erde! SELA
15 Doch Abend für Abend kommen sie wieder,
heulen wie die Hunde

und umkreisen die Stadt.
16 Sie treiben sich herum, zu fressen,
wenn sie nicht satt werden, bleiben sie über Nacht.
17 Ich aber will von deiner Stärke singen
und jeden Morgen jubeln über deine Huld,
denn du bist mir ein Schutz geworden
und eine Zuflucht an dem Tag, da ich bedrängt war.
18 Meine Stärke, dir will ich aufspielen!
Denn Gott ist mein Schutz,
der Gott meiner Huld.

Der Psalm wurde in mehreren Schritten ergänzt.

(1) Das Lobgelübde wurde erweitert (Vers 18) und vorausnehmend wiederholt (Verse 10–11). Dabei wurde die ursprüngliche Anrede an Jahwe teilweise aufgegeben. Die Erweiterungen heben hervor, wie eng der Beter mit Jahwe verbunden ist.

(2) Die Feinde wurden mit den Völkern gleichgesetzt. Aber anders als in dem ursprünglichen Psalm soll Jahwe sie nicht töten. Sie sollen vielmehr die Sonderstellung des Gottesvolkes nicht vergessen (Vers 12) und wahrnehmen, «dass Gott in Jakob herrscht» (Vers 14; vergleiche Psalm 83,19). Der Weckruf an Jahwe als Gott Israels beschwört das endzeitliche Weltgericht herauf (Vers 6). Vor Jahwe wird die Macht der Völker zum Spott werden (Vers 9; vergleiche Psalm 2,4).

(3) Im Licht des Weltgerichts wurden die Feinde mit den Übeltätern und den Männern der Blutschuld identifiziert, die sich über die Tora hinwegsetzen. Die heulenden Hunde sind jetzt die Frevler. Sie fressen den Gerechten und tun sich durch ihren Hochmut, durch Flüche und Lügen hervor (Verse 3–4.6.8.13.15–16).

Die Überschrift verweist wie bei den Psalmen 57–58 auf eine musikalische Weise, die mit den Worten «Verdirb nicht» begann. David soll den Psalm gebetet haben, als die Knechte Sauls in der Nacht sein Haus umstellt hatten, um ihn am Morgen zu töten (1. Samuel 19,11).

IM VERTRAUEN AUF JAHWES HILFE

Psalm 63

Jahwe, du bist mein Gott, ich suche dich,
nach dir dürstet meine Kehle,
nach dir lechzt mein Fleisch
in trockenem Land ohne Wasser.
Denn deine Huld ist besser als das Leben,
meine Lippen rühmen dich.
Wie an Fett und Mark sättige sich meine Kehle,
und mit Lippen voller Jubel lobe mein Mund,
sooft ich deiner gedenke auf meinem Lager,
in Nachtwachen über dich sinne!
Denn du bist meine Hilfe geworden,
und im Schatten deiner Flügel juble ich.
Ich habe mich an dich gehängt,
mich stützt deine Rechte.
Die aber, die mir nach dem Leben trachten,
werden in die Tiefen der Erde fahren,
sie werden den Klingen des Schwerts preisgegeben
werden,
Beute der Schakale werden sie sein.

Der Durst, den der Beter in der Kehle verspürt, richtet sich nur vordergründig auf das Wasser. Ihn verlangt nach der Lebensfülle, die von seinem Gott ausgeht. Das seltene Verb *šḥr*, das hier für «suchen» verwendet wird, ist mit dem akkadischen *saḫāru* verwandt, das in vielen mesopotamischen Gebeten die Hinwendung an die Gottheit bezeichnet.

Das Bekenntnis «Du bist mein Gott» (Psalm 118,28) klingt wie eine Antwort auf das Heilsorakel, mit dem Jahwe dem König versprach, ihm beizustehen: «Fürchte dich nicht, denn ich bin bei dir, hab keine Angst, denn ich bin dein Gott!» (Jesaja 41,10) Die Erfahrung der göttlichen Huld ist so stark, dass der Beter darüber seine Lebensangst vergisst: «Deine Huld ist besser als das Leben!» Es ist wie bei den Festen im Tempel, als man sang:

Jahwe, wie kostbar ist deine Huld!
Götter und Menschen
bergen sich im Schatten deiner Flügel.
Sie laben sich am Fett deines Hauses,
und mit dem Bach deiner Wonnen tränkst du sie. (Psalm 36,7–9)

Auf dem Nachtlager, wo sonst die Klage laut wird, sinnt er über Jahwes Hilfe nach. Das «Sinnen» (*hāgāh*), das das Gurren der Taube bezeichnen und das Stöhnen und Seufzen des Leidenden meinen kann («Ich gurre wie eine Taube ..., Herr, ich leide Not!», Jesaja 38,14), wird ihm zum Gotteslob. Ein ägyptisches Gebet an den Gott Amun spricht von der Zuversicht, die aus der frommen Hinwendung zu dem Gott entsteht:

Du gibst Sättigung ohne Essen,
du gibst Trunkenheit ohne Trinken. ...
Süß ist es, deinen Namen zu nennen!
Er ist wie der Geschmack des Lebens,
er ist wie der Geschmack von Brot für ein Kind,
wie Kleidung für einen Nackten,
wie der Duft eines blühenden Baumes
zur Zeit der Hitze.

In den letzten Zeilen des Psalms klingt noch einmal das Heilsorakel an, das der König von seinem Gott erhalten hat: «Ich stärke dich, auch helfe ich dir, auch stütze ich dich mit der rechten Hand meiner Gerechtigkeit» (Jesaja 41,10). Wie ein

Schildträger und Mitkämpfer geleitet der Gott den König in den Kampf gegen seine Feinde. Der Gott und der König handeln wie ein Mann. Die Feinde sind dem Untergang geweiht. Ihre Leichen bleiben unbestattet. Der assyrische König Asarhaddon erzählt in einer seiner Inschriften, wie er seinen Feinden ein solch schmachvolles Ende bereitete: «Die Leichen ihrer Helden beerdigte ich nicht, sondern ließ die Schakale sie fressen.»

Der spätere Psalm

1 Ein Psalm Davids, als er in der Wüste Juda war.
2 ‹Jahwe›, du bist mein Gott, ich suche dich,
nach dir dürstet meine Kehle,
nach dir lechzt mein Fleisch
in trockenem [und erschöpftem] Land ohne Wasser.
3 So habe ich im Heiligtum dich geschaut,
als ich deine Macht und Ehre sah.
4 Denn deine Huld ist besser als das Leben,
meine Lippen rühmen dich.
5 So will ich dich preisen in meinem Leben,
in deinem Namen meine Hände erheben!
6 Wie an Fett und Mark sättige sich meine Kehle,
und mit Lippen voller Jubel lobe mein Mund,
7 sooft ich deiner gedenke auf meinem Lager,
in Nachtwachen über dich sinne!
8 Denn du bist meine Hilfe geworden,
und im Schatten deiner Flügel juble ich.
9 Ich habe mich an dich gehängt,
mich stützt deine Rechte.
10 Die aber, die mir [zu ihrem Verderben] nach dem Leben trachten,
werden in die Tiefen der Erde fahren.
11 ‹Sie werden› den Klingen des Schwerts ‹preisgegeben werden›,
Beute der Schakale werden sie sein.

12 Der König aber wird sich an ‹Jahwe› freuen,
rühmen wird sich jeder, der bei ihm schwört;
denn der Mund der Lügenredner wird verstopft werden!

Der spätere Psalm ist das Zeugnis einer frommen Sehnsucht nach dem Tempel. In der Zerstreuung empfand man schmerzlich, dass man vom Ort der Gottesnähe entfernt war (vergleiche Psalm 42–43). Auch Wallfahrten wurden unternommen. So kann der Beter sich ins Gedächtnis rufen, wie er im Tempel der Macht und Ehre Jahwes ansichtig geworden ist (Vers 3; vergleiche Psalm 42,5). Im Rückblick gelobt er, sein Leben lang die Hände in Jahwes Namen zu erheben (Vers 5). Das praktizierte man wohl so, dass man die Hände zum Tempel hin ausbreitete (1. Könige 8,38.48; Daniel 6,11).

Im letzten Vers wird der Beter des Psalms mit dem erhofften messianischen König gleichgesetzt. Er stimmt die Königsfreude an, und seine Gefolgsleute fallen ein. Der Ausdruck «jeder, der bei ihm schwört» erinnert an die Eidesformel «So wahr Jahwe lebt und so wahr du lebst!», mit der man den König seiner Treue versicherte. Der Schwur lässt sich sowohl auf den Messias als auch auf Jahwe beziehen. Den Gegnern, die sich als Lügner erweisen, wird der Mund gestopft werden.

In der Überschrift verband man den Psalm mit Davids Flucht in die Wüste, als er vor seinem Sohn Absalom floh (2. Samuel 15,23; vergleiche Psalm 3).

EIN HYMNENFRAGMENT UND EIN ERNTELIED

Psalm 65

Der die Berge befestigt mit seiner Kraft,
der mit Stärke umgürtet ist,
der das Tosen der Meere besänftigt,
das Tosen ihrer Wellen.

*

Du hast das Land besucht und ließest es überströmen,
du machtest es überaus reich.
Seine Furchen tränkend, überschwemmend seine Schollen,
in Regenschauern ließest du es zerfließen,
segnetest sein Gewächs.
Du hast gekrönt das Jahr deiner Güte,
und deine Wagenspuren triefen von Fett.
Es triefen die Auen der Steppe,
und mit Jauchzen gürten sich die Hügel.
Die Triften haben sich mit Kleinvieh bekleidet,
und die Täler hüllen sich in Korn.

Das erste Fragment ist wahrscheinlich einem älteren Hymnus entnommen. Der Gott, dessen Name nicht genannt wird, wird als derjenige gerühmt, der mit seiner Kraft die Berge befestigt, an denen die Erdscheibe hängt (Psalm 24,1–2). Als himmlischer Krieger, der sich mit Stärke gürtet (Psalm 93,1), bändigt er das tosende Meer (Psalm 89,10). Ebenso wurde der mesopotamische Wettergott Adad als «Herr des Gebirges

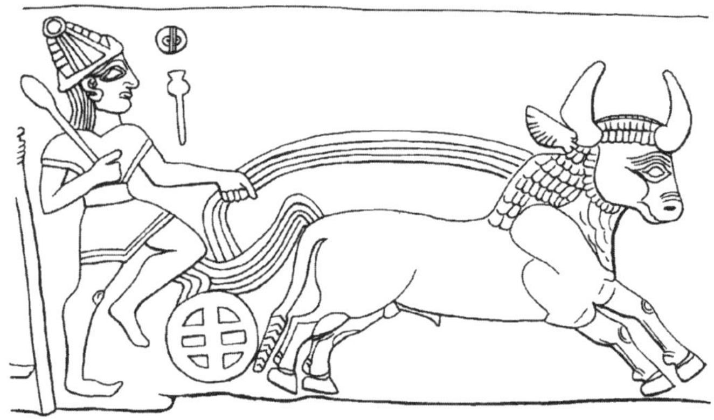

Der Wettergott zieht mit seinem Wagen über das Land. Orthostat aus Aleppo, 12./11. Jahrhundert v. Chr.

und des Meeres» beschrieben, «der das Meer niedertritt» (Psalm 77,20). In Ugarit fanden sich im Tempel des Wettergottes Baʿal zahlreiche Ankersteine. Seeleute hatten sie als Votivgaben dorthin geschleppt, um dem Gott zu danken, dass er ihre Fahrt über das Meer glücklich ans Ziel gebracht hatte (vergleiche Psalm 107,29–30).

Das zweite Stück ist ein Erntelied. Es dankt dem Wettergott, dass er das Land besucht und mit dem Regen durchtränkt hat. Wo der Gott mit seinem schweren Karren entlangfuhr, ist das Vieh fett geworden und das Korn in Fülle gereift. So kam das Land zu Reichtum. Auch von Adad sagte man, dass er «reichliche Regengüsse fallen lässt», «den Reichtum hinabschickt» und «dem Land Überfluss schenkt». Ein Relief aus dem Tempel des Wettergottes von Aleppo zeigt den Gott mit seinem Wagen. Der mächtige Stier, der den Wagen zieht, verkörpert die Fruchtbarkeit, die der Gott spendet.

Als wäre das Jahr sein Vasall, so hat der Wettergott ihm seine Gunst geschenkt und es gekrönt (Psalm 21,3–4). In einer Regenbeschwörung, von der das ugaritische Kirtu-Epos erzählt, werden die Regentropfen mit Kronen oder Kränzen verglichen:

Lieblich für das Land ist der Regen des Ba'al
und für das Feld der Regen des Höchsten.
Lieblich ist er für den Weizen in der Furche,
wie Räucherwerk auf dem Acker,
wie Kronen auf der Pflugspur.

Im Psalm hallen die Hügel wider vom Jauchzen derer, die das Erntefest feiern. In ähnlichen Worten betete man zu Adad:

Bei deinem Donner sind die Berge erfreut,
frohlocken die Fluren, jauchzen die Felder.

Die Weidegründe und Täler kleiden sich mit Kleinviehherden und Korn wie in das Prunkgewand, das der Vasall bei seiner Krönung trägt und das auch der Wettergott Jahwe bei seiner Thronbesteigung anlegt (Psalm 93,1).

Der spätere Psalm

1 Für den Chorleiter, ein Saitenspiel Davids, ein Lied.
2 Dir ‹gebührt› Lob,
‹Jahwe› auf dem Zion,
und dir erfüllt man Gelübde,
3 der du Gebet erhörst.
Zu dir kommt alles Fleisch.
4 Die Verschuldungen sind mir zu stark geworden,
unsere Frevel – du deckst sie zu.
5 Wohl dem, den du erwählst und nahen lässt,
er darf in deinen Vorhöfen wohnen!
Wir wollen uns sättigen am Guten deines Hauses,
‹der Heiligkeit› deines Tempels!
6 Mit furchtbaren Taten antwortest du uns in Gerechtigkeit,
Gott unserer Rettung,
auf den alle Enden der Erde vertrauen
und die fernen ‹Inseln›.

7 Der die Berge befestigt mit seiner Kraft,
der mit Stärke umgürtet ist,
8 der das Tosen der Meere besänftigt,
das Tosen ihrer Wellen
  und das Lärmen der Völker.
9   Da fürchteten sich die Bewohner der Enden
  vor deinen Zeichen,
  die Pforten des Morgens und des Abends lässt du jubeln.
10 Du hast das Land besucht und ließest es überströmen,
du machtest es überaus reich.
  Gottes Wasserrinne ist gefüllt,
  du bereitetest das Getreide,
  denn so bereitetest du es.
11 Seine Furchen tränkend,
überschwemmend seine Schollen,
in Regenschauern ließest du es zerfließen,
segnetest sein Gewächs.
12 Du hast gekrönt das Jahr deiner Güte,
und deine Wagenspuren triefen von Fett.
13 Es triefen die Auen der Steppe,
und mit Jauchzen gürten sich die Hügel.
14 Die Triften haben sich mit Kleinvieh bekleidet,
und die Täler hüllen sich in Korn,
  sie jubeln einander zu, ja sie singen.

Weit nach dem Ende des Königtums wurden die beiden Stücke in ein Loblied aufgenommen, das die Gemeinde ihrem Gott im Heiligtum auf dem Zion sang. Weil Jahwe Gebete erhört, entrichtet man ihm Gelübde und erfüllt sie (Verse 2–3). Im täglichen Opferkult werden die Vergehen und Frevel des Gottesvolkes, unter deren Last die Frommen leiden (vergleiche Psalm 38,5), zugedeckt und entsühnt (Vers 4). Wer dem Gott auf dem Zion nahen darf, erfährt sich als erwählt. Er findet in den Vorhöfen des Tempels Heimat und wird bei den Opferfesten an Leib und Seele gesättigt (Vers 5). Alle Bewohner der Erde fassen zu ihm Vertrauen, ja alles Fleisch kommt zu ihm

(Jesaja 66,23). Die Kunde von Jahwes furchterregenden Zeichen, mit denen er sein Volk aus Ägypten befreite (Psalm 106,22), ist bis zu den Rändern der Erde gelangt (Verse 3, 6 und 9). Der Gott, der mit seiner Macht die Berge befestigt und das tosende Meer besänftigt, vermag auch das lärmende Meer der Völker zu beruhigen (Vers 8; Jesaja 17,12–14). So können sogar die Menschen, die am östlichen und westlichen Rand der Erdscheibe wohnen, in den Lobgesang des alten Ernteliedes einstimmen (Verse 9 und 14).

GEBET BEI DER ERFÜLLUNG DES DANKGELÜBDES

Psalm 66,13–20

Jahwe,
ich komme in dein Haus mit Brandopfern,
  ich will dir meine Gelübde erfüllen,
zu denen meine Lippen sich aufgetan haben
  und die mein Mund gesprochen hat, als mir angst war.
Brandopfer von Fettschafen bringe ich dir dar
  samt dem Rauch von Widdern.
Kommt, hört! Ich will erzählen,
  was er für meine Lebenskraft getan hat.
Zu ihm rief ich mit meinem Mund,
  da wurde ich erhöht über meine Hasser.
Gepriesen sei Jahwe,
  der mir seine Gunst nicht entzogen hat!

Mit solchen Worten bringt ein Beter das Opfer dar, das er Jahwe in der Not gelobt hat. Alsdann bittet er die, die ihn begleitet haben und zum Opfermahl geladen sind, um Gehör und berichtet, wie Jahwe ihn gerettet hat. Die Bedrängnis ist so groß gewesen, dass der Beter nicht mehr bei sich selbst war. Es war nicht sein Ich, sondern es waren seine Lippen, die sich geöffnet haben, und sein Mund, der dem Gott das Gelübde getan hat.

Jetzt löst er es ein. Das Opfertier wird zunächst rituell geschlachtet und zerteilt. Die Gottheit erhält ihren Anteil. Man verbrannte bestimmte, besonders fetthaltige Teile als Brandopfer (*'ôlāh*). Auf diese Weise wird der Gott am Mahl beteiligt. Dann beginnt das Gemeinschaftsmahl (*zæbaḥ*), zu dem der Dankende die ihm Nahestehenden eingeladen hat.

Beim Mahl berichtet er von seiner Rettung. Damit erfüllt er den anderen Teil des Gelübdes, «hören zu lassen mit lauter Stimme das Danklied und zu erzählen alle deine Wunder» (Psalm 26,7). Er war von Hassern umringt. Das können missgünstige Nachbarn oder sonstige Feinde gewesen sein. Im Falle des königlichen Beters waren es die politischen Rivalen. Jahwe hat ihn triumphieren lassen. Er durfte der Vasall Jahwes bleiben. Darauf bekräftigt er seinerseits das Verhältnis zu seinem Gott, indem er ihn lobt.

Der spätere Psalmteil 66,13–20

13 [Jahwe,]
ich komme in dein Haus mit Brandopfern,
ich will dir meine Gelübde erfüllen,
14 zu denen meine Lippen sich aufgetan haben
und die mein Mund gesprochen hat, als mir angst war.
15 Brandopfer von Fettschafen bringe ich dir dar
samt dem Rauch von Widdern.
Ich bereite Rinder samt Böcken. SELA
16 Kommt, hört! Ich will erzählen,
alle ihr ‹Jahwe›fürchtigen,
was er für meine Lebenskraft getan hat.
17 Zu ihm rief ich mit meinem Mund
‹da wurde ich erhöht› über ‹meine Hasser›.
18 Es war eine Übeltat, wenn ich in meinem Herzen ‹sprach›:
Mein Herr wird nicht hören.
19 Fürwahr, ‹Jahwe› hat gehört.
Er hat auf mein lautes Flehen geachtet.
20 Gepriesen sei ‹Jahwe›,
der mir [mein Flehen und] seine Gunst nicht entzogen hat!

Psalm 66 gliedert sich in zwei Teile, von denen hier nur der zweite wiedergegeben wird. Der erste Teil bis Vers 12 beginnt mit dem Jubel über Jahwes Königtum (vergleiche Psalm 98,4 und 29,2). Der Jubel wird aber ab Vers 5 nicht mit dem Sieg über die Götter-Rivalen, sondern damit begründet, dass Jahwe sein Volk einst trockenen Fußes durch das Meer geführt hat. Die Geschichte ist an die Stelle des Mythos getreten. Daran zeigt sich, dass dieser Teil des Psalms aus späterer Zeit stammt.

Der zweite Teil bildet als Gebet eines Einzelnen einen eigenen, älteren Psalm. Da am Anfang eine Gottesanrede fehlt, muss das Stück schon bald mit den Versen 1–12 verknüpft worden sein. Auf diese Weise wurde das Dankopfer vorab um das Lob des Gottes Israels ergänzt und der persönliche Bericht um die kollektive Erinnerung. Statt der Teilnehmer an der Dankfeier sind es die Völker, denen die Rettung bezeugt wird.

Der zweite Teil richtet sich jetzt an «alle Jahwefürchtigen», das heißt an den begrenzten Kreis der Frommen. Die Anrede ist in Vers 16 an falscher Stelle in die Zeile geraten und dadurch als Zusatz erkennbar. Der Satz sollte lauten: «Kommt, hört, alle ihr Jahwefürchtigen.» Diese Jahwefürchtigen haben sich in dem Sprecher wiedererkannt. Sie sahen in seiner Rettung den Lohn ihrer Gottesfurcht. Das brachten sie dadurch zur Geltung, dass sie ihm ihre eigenen Zweifel zuschrieben, die sie mit Emphase für widerlegt erklärten. Der Beter habe gedacht: «Mein Herr wird nicht hören.» Doch Jahwe erhörte ihn und hat sein Bedenken geradezu als eine Übeltat erwiesen. Dass «mein Flehen» erhört wird, wurde in der letzten Zeile nochmals genannt. Das Stichwort stört dort den Satzbau.

Die Frommen maßen das Opfer an der Tora. Dort sind Fettschafe als Opfertiere nicht vorgesehen. Stattdessen finden sich in Numeri 7,17–83 unter den Gaben, die die Stammesfürsten Israels zur Einweihung des Wüstenheiligtums beitragen, neben Widdern stets auch Rinder und Böcke. Diese Opfertiere werden jetzt nachgetragen – und damit der ursprünglich genannte Umfang des Opfers weit überschritten.

EIN HILFERUF IN GROSSER NOT

Psalm 70

Jahwe, mich zu erretten,
  Jahwe, zu meiner Hilfe eile herbei!
Sich schämen und beschämt werden sollen,
  die mir nach dem Leben trachten.
Zurückweichen und zuschanden werden sollen,
  die sich an meinem Unglück weiden.
Sie sollen kehrtmachen vor Schande,
  die sagen: Hä-ach, hä-ach!
Meine Hilfe und mein Beschützer bist du.
  Jahwe, säume nicht!

Die Grundlage dieses kurzen Psalms umfasst die ersten beiden und die letzten beiden Zeilen. Dreimal ruft der Beter beschwörend den Namen Jahwe. Der Gott möge umgehend eingreifen. Als der persönliche Schutzgott des Beters ist Jahwe zum Beistand verpflichtet. Der Begriff «Hilfe» ist militärisch zu verstehen. Gemeint ist der Mitkämpfer, genauer der Schildträger. Die meisten Belege bezeichnen den Gott, der dem kämpfenden König Deckung gibt.

Dieser Hilferuf wird gefüllt von drei Doppelzeilen mit anderer poetischer Struktur. Die ersten beiden stimmen fast wörtlich mit Psalm 35,4 überein, wo sie wahrscheinlich in dem Orakel Jesaja 41,11 eine Vorlage haben. Dieser Mittelteil widmet sich den Gegnern. Sie sind in der Mehrheit und verhöhnen den Beter. «Hä-ach» wiehern nach Hiob 39,25 die Pferde. Die Schmach ist für den Beter schlimmer als die Gefahr. Deshalb kommt die Rettung einer öffentlichen Rehabilitierung gleich. Sie setzt die Gegner ins Unrecht. Die Schande, die sie über den Beter bringen, soll auf sie selbst zurückfallen.

Der spätere Psalm

1 Für den Chorleiter. Von David. Zur Anrufung.
2 ‹Jahwe›, mich zu erretten,
Jahwe, zu meiner Hilfe eile herbei!
3 *Sich schämen und beschämt werden sollen,*
die mir nach dem Leben trachten.
Zurückweichen und zuschanden werden sollen,
die sich an meinem Unglück weiden.
4 *Sie sollen kehrtmachen vor Schande,*
die sagen: Hä-ach, hä-ach!
5 Sich freuen und fröhlich sein in dir sollen alle,
die dich suchen;
stets sollen sagen: Groß ist ‹Jahwe›,
die deine Rettung lieben.
6 Ich aber bin demütig und arm.
‹Jahwe›, eile herbei zu mir!
Meine Hilfe und mein Beschützer bist du.
Jahwe, säume nicht!

Der Hilferuf ist zu einem Gebet der frommen Armen geworden. Sie haben sich den Psalm zu eigen gemacht. Mit der Selbstdarstellung «Ich bin demütig und arm» (so auch 69,30; 86,1; 109,22) weisen sie sich als Angehörige einer Gruppe aus. Durch ihre Armut mögen sie an den Rand der Gesellschaft geraten sein; gerade darum sehen sie sich dem Gott Israels besonders nahe. Sie erheben geradezu Anspruch auf ihn und wollen sich darin von der Mehrheit der Wohlbestallten und Gleichgültigen unterscheiden. Sie machen den einleitenden Ruf «Jahwe, zu meiner Hilfe eile herbei!» zu dem ihren: «Jahwe, eile herbei zu mir!» Ihre Sonderstellung sehen sie bestätigt durch die Schande, die der Psalm über die anderen herbeiwünscht.

Im hellenistischen Judentum prägten sich weitere religiöse Gruppierungen aus. Von ihnen stammt die Ergänzung, die in Vers 5 den Bitten gegen die Feinde den Wunsch für die Frommen hinzufügt. Wie die Gegner dem Beter nach dem Leben trachten (*m*^e*baqšê napšî*), so suchen alle Frommen Jahwe (*m*^e*baqšǣkā*). Sie lieben Jahwe und seine Rettung (Richter 5,31). Die Freude, die sie herbeisehnen, ist der Triumph über die niedergeschlagenen Gegner. Der Sieger aber ist Jahwe, dessen Größe die Frommen besingen wollen, so wie es einst Mirjam am Schilfmeer getan haben soll (Exodus 15,21).

Psalm 70 hat in 40,14–18 eine wörtliche Dublette. Sie enthält mehrere Überschüsse und erweist sich daran als jünger.

WÜNSCHE BEI DER THRONBESTEIGUNG

Psalm 72

Jahwe, übergib dein Recht dem König
und deine Gerechtigkeit dem Königssohn!
Die Berge mögen Heil tragen
und die Hügel Gerechtigkeit.
Lang lebe er vor der Sonne
und vor dem Mond von Geschlecht zu Geschlecht.
Er komme herab wie der Regen über die Mahd,
wie Wassergüsse, die die Erde tränken.
Es blühe in seinen Tagen Gerechtigkeit
und Heil in Fülle, bis der Mond nicht mehr ist.
Es sei Korn die Fülle im Land,
auf dem Gipfel der Berge bebe es.
Wie der Libanon blühe seine Frucht,
und seine Halme wie das Kraut der Erde.
Sein Name bleibe für alle Zeit,
vor der Sonne sprosse sein Name.

Die Fürbitte für den König war Teil der Akklamation, mit der der Hof, das Militär und die beamtete Priesterschaft, vielleicht auch die Vertreter der Bevölkerung auf die Proklamation «N. N. ist König geworden!» antworteten und dem Herrscher huldigten. Die Erwartungen, die man mit dem Königtum verband, trug ein Priester als Wünsche vor die Gottheit.

Das wichtigste Gut war die Ordnung des Daseins, als deren Garant der König sein Amt versah. Die Ordnung war nicht in das Belieben des Herrschers gestellt, sondern galt als gottgegeben. Sie wurde als so grundlegend angesehen, dass sie menschlichem Urteilen und Handeln immer vorausging. Aufgabe des Königs war, die Ordnung des Daseins zu schützen und gegebenenfalls wiederherzustellen. Dabei handelte er im Auftrag des Gottes Jahwe, der ihm sein Recht und dessen Anwendung anvertraut hatte.

Grundlage der Rechtsordnung waren die überlieferten Rechtssätze, die sich aus der fallbezogenen Rechtspraxis entwickelt hatten. Beispiele finden sich im Kern des sogenannten Bundesbuchs Exodus 21,1–22,16. Diesem Recht wurde göttlicher Ursprung zugeschrieben. Im Prolog des berühmten Codex Hammurapi aus dem achtzehnten Jahrhundert v. Chr. behauptet der babylonische Großkönig:

> Als Marduk mich beauftragte, die Menschen zu lenken und dem Land Sitte angedeihen zu lassen, legte ich Recht und Gerechtigkeit in den Mund des Landes und trug Sorge für das Wohlergehen der Menschen.

Ebenso sah sich in Israel und Juda der König als von seinem Gott beauftragt, durch die fallbezogene Anwendung (*ṣᵉdāqāh*) des Rechts (*mišpāṭ*) die Gerechtigkeit (*ṣædæq*) aufzurichten als Voraussetzung für das allgemeine Wohl (*šālôm*).

Die Herrschaft des Königs sollte so beständig sein wie der tägliche und jährliche Lauf der Sonne und die Phasen des Mondes, die verlässlich den Rhythmus des Daseins bestimmen. Die größte Gefahr bestand in häufigen Thronwechseln, die leicht zum Anlass für Machtkämpfe und Unruhen wurden. Deshalb bat man den Gott um ein langes Leben für den König. Der Huldigungsruf «Es lebe der König!» war keine Formalität.

Dieser Wunsch beschränkte sich nicht auf die individuelle Person. Der König wird im Psalm als «Königssohn» eingeführt, der in dynastischer Erbfolge auf dem Thron seiner Väter sitzt. Auch der Name, der «für alle Zeit bleiben» möge, gehört nicht nur dem jeweiligen König, sondern meint den Namen der

Dynastie. Bitten dieser Art sind auch sonst überliefert, so in Psalm 61,7–8:

> Tage füge zu den Tagen des Königs hinzu!
> Seine Jahre seien wie Geschlecht und Geschlecht.
> Er throne für immer vor dem Angesicht ‹Jahwes›.
> Huld und Treue ‹› sollen ihn beschützen.

Ein in Ugarit und Emar belegter Krönungshymnus beginnt mit den Worten:

> Lebe, mein König!
> Deine Tage seien lang!
> Deine Jahre mögen sich erneuen!

Das mittelassyrische Königsritual für Tukultī-Ninurta I. (1233–1197) enthält den Wunsch an die Götter Assur und Ninlil:

> Die Kronbinden deines Hauptes, ja, Assur und Ninlil, die Herren deiner Kronbinden, mögen sie dir für hundert Jahre aufsetzen.

Derselbe Wunsch kehrt im siebten Jahrhundert im Einleitungsgebet zum Krönungsritual für Assurbanipal wieder:

> Schamasch, der König über Himmel und Erde, erhebe dich zum Hirtenamt über die vier Weltgegenden. Deine Tage, deine Jahre lasse Assur, der dir das Szepter verleiht, lang werden!

Eine Bauinschrift des Azatiwada vom Karatepe (Ende 8. Jahrhundert) enthält den Wunsch:

> Der Name des Azatiwada möge bestehen in Ewigkeit wie der Name der Sonne und des Mondes.

Im Psalm werden die Wünsche für den König durch Explikationen ausgeführt (hier kursiv dargestellt). In ihnen zeigt sich eine für moderne Auffassung ungewöhnliche gegenseitige Abhängigkeit von Kultur und Natur. Die stabile Rechtsordnung führt auch zu regelmäßiger Abfolge der Jahreszeiten, ergiebigem Regen und reichen Ernten. Sie dient der Abwehr gegen den stets drohenden Hunger. So konnte man sagen, dass der verlässlich herrschende König «wie der Regen» ist.

Eine im wörtlichen Sinn tragende Rolle für die Wohlfahrt (*šālôm*) kommt den Bergen zu. Sie gelten als die Säulen der Erde, die den Kosmos über dem unterweltlichen Chaos stabil halten. An ihnen schlägt sich der Regen nieder. Weingärten und Ölbaum-Pflanzungen wurden an den Bergen angelegt. Herden von Schafen und Ziegen weiden auf ihren Hängen. In der Heilszeit «triefen die Berge von Most, und die Hügel fließen von Milch» (Joël 4,18; Amos 9,13). Wie der weithin sichtbare Libanon, der auch während der sommerlichen Trockenzeit grün bleibt, werden die Berggipfel blühen, und dort wird das Getreide wogen. Wo das Recht gedeiht, da gedeiht das Korn und der Wohlstand.

Der spätere Psalm

1 Für Salomo.
‹Jahwe›, übergib ‹deine Rechtssätze› dem König
und deine Gerechtigkeit dem Königssohn,
2 dass er dein Volk richte in Gerechtigkeit
und deine Elenden nach dem Recht.
3 *Die Berge mögen* für das Volk *Heil tragen*
und die Hügel durch *Gerechtigkeit.*
4 Er wird Recht schaffen den Elenden des Volkes,
er wird retten die Söhne des Armen
und niedertreten den Unterdrücker.
5 ‹Sie sollen dich fürchten› vor der Sonne
und vor dem Mond von Geschlecht zu Geschlecht.
6 *Er komme herab wie der Regen über die Mahd,*
wie Wassergüsse, die die Erde tränken.

7 Es blühe in seinen Tagen ‹der Gerechte›
und Heil in Fülle, bis der Mond nicht mehr ist.
8 Er herrsche von Meer zu Meer
und vom Euphrat bis an die Enden der Erde.
9 Vor ihm müssen sich beugen die Wüstenbewohner,
und seine Feinde sollen Staub lecken.
10 Die Könige von Tarschisch und den Inseln
müssen Abgaben bringen;
die Könige von Saba und Seba
müssen Tribut entrichten.
11 Vor ihm müssen sich niederwerfen alle Könige,
alle Völker müssen ihm dienen.
12 Denn er rettet den Armen, der um Hilfe schreit,
und den Elenden und den, der keinen Helfer hat.
13 Er erbarmt sich des Geringen und Armen,
und das Leben der Armen rettet er.
14 Aus Bedrückung und Gewalttat
kauft er ihr Leben frei,
und kostbar ist ihr Blut in seinen Augen.
15 Und er möge leben, und ‹man gebe ihm› Gold aus Saba.
Und man bete beständig für ihn,
jeden Tag segne man ihn.
16 *Es sei Korn die Fülle im Land,*
auf dem Gipfel der Berge bebe es.
Wie der Libanon ‹blühe› seine Frucht,
‹und seine Halme› wie das Kraut der Erde.
17 Sein Name bleibe für alle Zeit,
vor der Sonne sprosse sein Name.
Und in ihm sollen sich Segen wünschen alle Völker,
sie sollen ihn glücklich preisen.

Als das judäische Königtum erloschen war, diente das Gebet dem Wunsch, Jahwe möge das Königtum alsbald wiedererstehen lassen. Der Psalm wurde Ausdruck der messianischen Erwartung. Er galt sogar als Verheißung. In der persischen Zeit wandelte sich zudem das Bild des Gottes Jahwe. Er nahm Züge des Weltengotts, ja des einzigen Gottes an. In der Folge wuchs die Machtfülle, die man für seinen menschlichen Mandatsträger auf dem Thron Davids erwartete. Da das Königtum nur noch eine Hoffnung war, waren der Imagination keine Grenzen gesetzt. Wie in der Verheißung Sacharja 9,10 soll sich die künftige Herrschaft «von Meer zu Meer und vom Euphrat bis an die Enden der Erde» erstrecken, das heißt die gesamte Erdscheibe umfassen (Vers 8). Vom Euphrat «bis an die Enden der Erde» führte auch der Zug, mit dem Alexander der Große sein Weltreich errichtete (1. Makkabäer 1,3). Alle Könige und ihre Völker werden sich dem judäischen König und dem Gott Jahwe unterwerfen und Tag für Tag in die Königsfürbitte einstimmen (Vers 15). So wird sich die universale Segensverheißung erfüllen, die Abraham in Genesis 22,18 zum Lohn für seinen Gehorsam erhalten hat (Vers 17).

Das Urbild dieser Hoffnung wurde die ideale Friedensherrschaft, die in 1. Könige 1–11 von Salomos Königtum gezeichnet wird. Da man David für den eigentlichen Psalm-Dichter hielt und die überlieferte Fürbitte nicht nur dem König, sondern auch dem Königssohn galt, war es möglich, den Psalm seinem Sohn Salomo zuzuschreiben. Die Weltherrschaft von Meer zu Meer wird nunmehr mit dem immensen Reichtum in Verbindung gebracht, der Salomo nachgesagt wird (Verse 10 und 15). Die Könige von Tarschisch im fernen Westen und von den Inseln am Rand der Erdscheibe werden Tribut bringen, ebenso die Könige von Seba und Saba im Süden der Arabischen Halbinsel, von wo einst die Königin von Saba zu Salomo gekommen sein soll «mit großem Gefolge, mit Kamelen, die Spezerei trugen und viel Gold und Edelsteine» (1. Könige 10,2).

Mit Salomo, zu dessen Zeit «Juda und Israel sicher wohnten, ein jeder unter seinem Weinstock und unter seinem Feigenbaum» (1. Könige 5,5), verband sich zuletzt die Hoffnung der frommen Armen. Sie beanspruchten, das eigentliche Gottesvolk der Gerechten zu sein (Verse 2 und 4, Textänderungen in den Versen 1, 3, 5 und 7). Sie erwarteten, dass der künftige König, der Messias, aus ihrer Mitte kommen und selbst ein Armer sein werde (Sacharja 9,9). Seine wichtigste Aufgabe sahen sie in der Wahrung der Rechtssätze Gottes, das heißt der Tora (Vers 1). Die Gerechtigkeit, die der König zu garantieren berufen war, bedeutete jetzt im engeren Sinne das Ende der Ausbeutung (Verse 12–14).

EIN LIED ZUM NEUJAHRSFEST

Psalm 77,14–21

Die Wasser sahen dich, Jahwe,
die Wasser sahen dich, sie kreißten,
ja die Fluten erzitterten.
In Wasser ergoss sich das Gewölk,
die Wolken ließen Donner erschallen,
ja deine Pfeile schwirrten umher.
Der Hall deines Donnerns tönte durch das Rad,
Blitze erleuchteten den Erdkreis,
die Erde zitterte und bebte.
Im Meer war dein Weg
und deine Pfade in großen Wassern,
und deine Spuren waren nicht zu erkennen.

Auch dieses Lied besingt die Erscheinung Jahwes im Gewitter. Der Psalm ist in dreigliedrigen Versen gedichtet, einer Form, die in der Epik von Ugarit geläufig war. Die verwendeten Bilder sind verbreitet. Eingangs ähneln die Wasser einer Schar von Feinden. Als sie den himmlischen Krieger erblicken, werden sie von Furcht überwältigt. Wie eine Gebärende fallen sie in Wehen und bringen den fruchtbringenden Regen zur Welt. Die Wolken donnern. Der Gott poltert auf seinem Wagen durch den Sturm. Mit seinen Blitzpfeilen taucht er den vom Gewitter verdunkelten Erdkreis in zuckendes Licht. Die großen Wasser des kosmischen Meeres können ihn nicht aufhalten. Er teilt sie entzwei. Sein Weg durch die tosenden Fluten wird zum Triumph. Wie man den nordmesopotamischen Wettergott Adad als den pries, «der das Meer niedertritt», wurde auch Jahwe zugeschrieben: «Er tritt auf die Höhen des Meeres» (Hiob 9,8).

Der Psalm wurde wahrscheinlich beim herbstlichen Neujahrsfest vorgetragen, vielleicht auch bei anderen Anlässen, die in das Winterhalbjahr fielen. Man stellte sich die Welt so vor, dass in ihrer Mitte die Erdscheibe liegt. An deren Rändern lauert das Urmeer, das wie ein eigenes Wesen die Erde bedroht. Jahwe aber zieht im Gewitter heran. Er zähmt die Wasser und wandelt sie in den lebenspendenden Regen.

Der ugaritische Wettergott Baʿal trug den Titel «Wagenfahrer der Wolken». Ebenso verstand man Jahwe als himmlischen Wagenfahrer: «Der Hall deines Donners tönte durch das Rad.» Diese Vorstellung spiegelt eine militärtechnische Erfindung, die sich seit dem zweiten Jahrtausend v. Chr. verbreitet hat. Im Königreich Israel des zehnten bis achten Jahrhunderts war die Streitwagentruppe eine Säule der politischen Macht. In der Schlacht von Qarqar 853 v. Chr. gegen den assyrischen König Salmanasser III. stellte der israelitische König Ahab das mit Abstand größte Streitwagenkontingent der verbündeten syrischen Fürsten. In derselben Epoche wurde der Prophet Elisa als «Wagen Israels und sein Lenker» gerühmt (2. Könige 13,14), ebenso sein Vorgänger Elia (2. Könige 2,12). Von diesem erzählte man, ein feuriger Streitwagen, von Pferden gezogen, habe ihn gen Himmel entrückt (2. Könige 2,11).

Der spätere Psalmteil 77,14–21

14 ‹Jahwe›, in Heiligkeit ist dein Weg.
Wer ist ein großer Gott wie ‹Jahwe›?
15 Du bist der Gott, der Wunder tut,
du hast kundgetan unter den Völkern deine Macht.
16 Du hast ausgelöst mit dem Arm dein Volk,
die Söhne Jakobs und Josefs. SELA
17 Die Wasser sahen dich, ‹Jahwe›,

die Wasser sahen dich, sie kreißten,
ja die Fluten erzitterten.
18 In Wasser ergoss sich das Gewölk,
die Wolken ließen Donner erschallen,
ja deine Pfeile schwirrten umher.
19 Der Hall deines Donners tönte durch das Rad,
Blitze erleuchteten den Erdkreis,
die Erde zitterte und bebte.
20 Im Meer war dein Weg
und deine Pfade in großen Wassern,
und deine Spuren waren nicht zu erkennen.
21 Du leitetest dein Volk wie eine Herde
durch die Hand Moses und Aarons.

Der Mythos, von dem die Urfassung handelt, wurde später in die Geschichte des Gottesvolkes übertragen. In Jahwes Triumphzug durch das Meer erkannte man seine Rettungstat am Schilfmeer. Damals hat Jahwe den Völkern seine Macht gezeigt. Er ließ «die Söhne Jakobs und Josefs» das Meer durchqueren und befreite sie aus der ägyptischen Sklaverei. Danach führte er sein Volk unter der Leitung von Mose und Aaron wie eine Herde durch die Wüste. Das Lied zitiert diese Wundertaten (ähnlich wie Exodus 15,11–16). Es preist Jahwes unvergleichliche Größe.

In den Versen 2–13 geht dem Loblied eine Klage voran. Der Beter leidet unter dem harten Widerspruch zwischen der einstigen Heilszeit und der Gottesferne, die er gegenwärtig erfährt. Weil er aber den anschließenden Lobpsalm rezitieren kann, wird ihm Jahwes heilvolles Tun zur tröstenden Gewissheit.

PROKLAMATION DER THRONBESTEIGUNG JAHWES

Psalm 93

Jahwe ist König geworden!

In Hoheit hat sich gekleidet,
gekleidet hat sich Jahwe,
hat sich mit Stärke gegürtet.
Gewiss, befestigt ist der Erdkreis,
dass er nicht wankt.
Befestigt ist dein Thron seither,
von jeher an bist du.
Die Ströme haben erhoben, Jahwe,
die Ströme haben ihr Donnern erhoben,
die Ströme erheben ihren Schlag.
Mehr als die Donnerschläge großer Wasser
ist mächtig, mehr als die Brecher des Meeres
ist mächtig in der Höhe Jahwe.
Ja, dein Haus ist schön in Heiligkeit,
Jahwe, für alle Zeit!

Der Kern des Psalms beginnt mit einem dreigliedrigen Vers im Stufenparallelismus (siehe Seite 138). Die Anrufung Jahwes hat einen klagenden Klang: «Die Ströme haben erhoben, Jahwe …» Ströme und große Wasser erfüllen den Kosmos mit donnerndem Lärm. Sie drohen alles zu verschlingen. Jahwe aber ist ihnen überlegen. «In der Höhe» ist er für die Fluten unerreichbar, und das für alle Zeit. Am Ende wirkt das «Donnern» der

Fluten wie der Nachhall der göttlichen Donnerstimme im Gewitter: Vor der erhabenen Macht Jahwes ist das Tosen keine Bedrohung mehr, sondern verherrlicht im Gegenteil Jahwes Herrschaft.

In Ugarit trug der Meeresgott den Beinamen «Herrscher Strom». Aus dieser Tradition schöpft der Psalm. Die Vorstellung, dass Ströme gottgleiche Wesen sind, könnte ihren Ursprung in Kleinasien haben. Ebenso wie das Meer wurden dort seit alters die Flüsse, die das Bergland durchziehen, als Gottheiten verehrt. Der Psalm gibt Vorstellungen wieder, die aus Weltgegenden weit nördlich von Palästina stammen. Die Überlieferung könnte Israel und Juda über Phönizien erreicht haben.

Das Attribut «mächtig» (*'addîr*) wurde auch im Phönizischen gebraucht, um königliche Götter und Göttinnen zu preisen. Besonders für den Wettergott Baʿal ist es bezeugt. Mit der «Höhe» wurde auch der Baʿal von Ugarit in Verbindung gebracht. Die Wendung «für alle Zeit», wörtlich «für die Länge der Tage», die den Psalm beschließt, weist in den politischen Bereich: In Königsinschriften des ersten Jahrtausends aus Syrien und Mesopotamien bezeichnet sie die ausgedehnte Dauer der dynastischen Herrschaft. Psalm 21,5 spricht davon, dass Jahwe dem König «die Länge der Tage» geschenkt hat.

Dem Kern wurde eine neue Strophe vorangestellt. Sie beginnt mit dem Ruf: «Jahwe ist König geworden!» Er überträgt die Formel, mit der die Thronbesteigung der irdischen Könige proklamiert wurde, auf die Gottheit. Dass der Name vorangestellt ist, lässt den Sieg Jahwes über seine Rivalen anklingen: Es ist kein anderer als Jahwe, der den Königsthron bestiegen hat. Die Wendung findet sich in Ugarit und Phönizien auch als Eigenname *Baʿalmalak* «Baʿal ist König geworden». Ein edomitischer König trug den Namen *Qausmalak* «Qaus ist König geworden» nach dem Wettergott Qaus, der im ostjordanischen Edom verehrt wurde.

Die Königsproklamation für den Gott wird in einer gestaffelten Folge kurzer Sätze entfaltet: Bei seiner Thronbesteigung legt er ein Gewand an, das seine Würde darstellt. «Hoheit» als Gewand ist die königliche Aura, und «Stärke» als Gürtel seine Kampfbereitschaft. In solchen Abstrakta spiegelt sich zugleich das Selbstverständnis der irdischen Herrscher, die ihren Machtanspruch dem Gott zuschreiben und von ihm her wiederum legitimieren.

Nach der Proklamation der Thronbesteigung Jahwes richtet sich der Blick auf das bewohnbare Land, das sich über den Urfluten befindet: «Gewiss, befestigt ist der Erdkreis, dass er nicht wankt.» Die Aussage hat beschwörenden Klang. Palästina ist ein Erdbebenland. Wenn die Erde «wankte», führte man das auf die Fluten des Urmeers zurück, die sich unter der Erdscheibe und rings um sie aufbäumten (Psalm 46,3). Schon der Kern des Psalms spielt auf diese Gefährdung an, wenn er Jahwe dafür preist, den tosenden Fluten überlegen zu sein. Die neue Strophe fügt den Gedanken hinzu, dass Jahwes Königsherrschaft der Erde dauerhafte Festigkeit verleiht (Psalm 24,1–2).

Jahwe hatte bereits in ferner Urzeit den königlichen Thron bestiegen. Seine wieder errungene Königsherrschaft ist nicht neu, sondern seit jeher der Grund der Weltordnung. Seine Herrschaft bewahrt die Erde davor, ins Wanken zu geraten. Sie steht so fest wie sein Thron. Das Gebet will die Existenzangst bannen, indem es Jahwes königliche Macht beschwört.

Gegen Ende des Psalms kam ein Teilvers hinzu, der die Heiligkeit und Schönheit von Jahwes Tempel preist. Wie in einem Kristall, in dem sich das Sonnenlicht bricht, spiegelt sich in der Schönheit des Gotteshauses der Bestand der Welt, deren Ordnung sich Jahwes königlicher Herrschaft verdankt. Die Heiligkeit ist die göttliche Sphäre, in die man gelangt, wenn man die Schwelle des Tempels übertritt.

Der spätere Psalm

1 *Jahwe ist König geworden!*
In Hoheit hat sich gekleidet,
gekleidet hat sich Jahwe,
hat sich mit Stärke gegürtet.
Gewiss, befestigt ist der Erdkreis,
dass er nicht wankt.
2 *Befestigt ist dein Thron seither,*
von jeher an bist du.
3 Die Ströme haben erhoben, Jahwe,
die Ströme haben ihr Donnern erhoben,
die Ströme erheben ihren Schlag.
4 Mehr als die Donnerschläge großer Wasser
‹ist mächtig, mehr als› die Brecher des Meeres
ist mächtig in der Höhe Jahwe.
5 Deine Zeugnisse sind sehr verlässlich,
ja, dein Haus ist schön in Heiligkeit,
Jahwe, für alle Zeit!

In der hellenistischen Zeit verband man die von Jahwe geschaffene Festigkeit der Welt mit seinen Geboten. Wie Jahwe selbst als «verlässlicher Gott» gepriesen wurde (Deuteronomium 7,9), so galt für die Gebote, die er seinem Volk gegeben hat: «Das Zeugnis Jahwes ist verlässlich» (Psalm 19,8). Wer nach der Tora lebt, lebt im Einklang mit der von Gott garantierten Ordnung der Welt.

AKKLAMATION ZUR THRONBESTEIGUNG JAHWES

Psalm 97

Jahwe ist König geworden!

Es jauchze die Erde,
die vielen Inseln sollen sich freuen.
Wolken und Dunkel sind um ihn,
Gerechtigkeit und Recht sind die Stütze seines Throns.
Feuer geht vor ihm her
und verbrennt ringsum seine Feinde.
Seine Blitze erleuchteten den Erdkreis,
die Erde sah es und kreißte.
Die Berge schmolzen wie Wachs
vor dem Herrn der ganzen Erde.
Die Himmel verkünden seine Gerechtigkeit;
alle Götter fallen vor ihm nieder.

Den Kern dieses Psalms bildet die Schilderung eines Gewitters als Erscheinung des Wettergotts. Mit dem Gewitter geht ein Erdbeben einher. Die Erde kreißt, weil der Gott sie mit Regen beschenkt und fruchtbar macht. Vor dem nahenden Gott schmelzen die Berge. So erweist er sich als «Herr der ganzen Erde». In Ugarit kann der Gott Baʿal den Titel «Fürst, Herr der Erde» tragen. Im siebten Jahrhundert findet sich der Göttertitel «Herr des Angesichts der Erde» in einer Beschwörung auf einem Amulett aus Arslan Tasch in Nordsyrien. In einer Ritzinschrift ebenfalls aus dem siebten Jahrhundert in einer Grabhöhle bei Ḫirbet Bēt Layy im judäischen Hügelland findet sich das Bekenntnis: «Jahwe ist der Gott der ganzen Erde.» In Jesaja 54,5 wird erwähnt, dass Jahwe «der Gott der ganzen Erde genannt wird».

Die Schilderung der Gotteserscheinung bildet den Kern eines Liedes zur Thronbesteigung Jahwes. Nachdem er das lebensfeindliche Chaos besiegt hat, tritt Jahwe seine Herrschaft an. Die Einzelheiten geben das Ritual wieder. Am Anfang steht die Proklamation: «Jahwe ist König geworden!» Auf dieses Signal hin bricht mit lautem Lärm der rituelle Königsjubel aus. Die ganze Erde akklamiert und unterwirft sich voller Freude. Der Herrschaftsbereich des Gottes umfasst die Lebenswelt bis zu den äußersten Rändern, wo das Festland sich in die vielen Inseln verliert.

Wie das menschliche Königtum bewährt sich auch das Königtum Gottes nach außen im Sieg über die Feinde ringsum, nach innen in der Rechtsprechung. Die Regel «Durch Gerechtigkeit wird ein Thron gestützt» (Sprüche 16,12) gilt auch für die Herrschaft Jahwes. Der Himmel selbst übernimmt die Rolle des Herolds, der die Thronbesteigung des Gottes proklamiert. Weil er die ganze Erde überspannt, bringt er die Herrschaft Jahwes weltweit zur Geltung bis in die letzten Winkel. Der himmlische Hofstaat, darunter die potentiellen Rivalen, unterwerfen sich, so dass der Kampf endet und einer dauerhaften Ordnung Raum gibt.

Der spätere Psalm

1 *Jahwe ist König geworden!*
Es jauchze die Erde,
die vielen Inseln sollen sich freuen.
2 Wolken und Dunkel sind um ihn,
Gerechtigkeit und Recht sind die Stütze seines Throns.
3 Feuer geht vor ihm her
und verbrennt ringsum seine Feinde.

4 Seine Blitze erleuchteten den Erdkreis,
die Erde sah es und kreißte.
5 Die Berge schmolzen wie Wachs [vor Jahwe]
vor dem Herrn der ganzen Erde.
6 *Die Himmel verkünden seine Gerechtigkeit.*
Und alle Völker sehen seine Herrlichkeit.
7 Beschämt werden sollen alle, die ein Bild verehren,
die sich der Götzen rühmen.
Alle Götter fallen vor ihm nieder.
8 Zion hörte es und freute sich,
und die Töchter Judas jauchzten
um deiner Gesetze willen, Jahwe.
9 Denn du, Jahwe, bist der Höchste über die ganze Erde,
bist hoch erhaben über alle Götter.
10 Jahwe ‹liebt›, die das Böse ‹hassen›.
Er bewahrt das Leben seiner Getreuen.
Aus der Hand der Frevler wird er sie retten.
11 Licht ‹geht auf› dem Gerechten
und den Rechtschaffenen Freude.
12 Freut euch, ihr Gerechten, an Jahwe
und preist seinen heiligen Namen.

Die Verse 8 und 9 wechseln von der Beschreibung zur Anrede und geben sich damit als Anhang zu erkennen. Wie vormals die Erde, so sind es jetzt alle Völker, die Jahwes Herrlichkeit sehen (Vers 6b) und sich zu Jahwe bekennen, der als «Eljon» (der höchste Gott) über allen anderen Göttern thront (vergleiche Psalm 57,3). Zion und die Töchter Judas, das heißt die Kultteilnehmer, stimmen in die Freude der Erde und der Inseln mit ein. Sie jauchzen, weil Jahwe seine Gesetze zur Geltung bringt. Zwischen den Zeilen spürt man, wie ein Kultort, der seine unmittelbare politische Funktion eingebüßt hat, um seine Bedeutung ringt. Der erweiterte Psalm endet in Vers 9 wie zuvor in Vers 7 mit einem Lobpreis.

Im Laufe der Zeit wuchs der religiöse Anspruch. Am Ende wurde den anderen Göttern die Existenz bestritten. Die bildliche Darstellung von Göttern gilt nur mehr als leerer Wahn und der fremde Kult als bloßer Götzendienst (Vers 7). Mit dieser Haltung antwortete das entstehende Judentum auf die weltumspannende Kultur der hellenistischen Zeit.

Der Psalm erhielt noch einen weiteren Anhang, der ihn auf das Schicksal der gesetzestreuen Frommen bezieht. Die Schilderung der Theophanie wird als Ankündigung des kommenden Weltgerichts verstanden, in dem die Gerechten ihren Lohn und die Frevler ihre Strafe erwarten. Die Blitze, die mit der Theophanie einhergehen, stellen den Gerechten ins rechte Licht. Die Königsfreude, die ursprünglich die ganze Welt, später die Kultgemeinde des Zion erfasste, wird zur Freude der Gerechten an ihrem Gott.

Während der jüdischen Selbstbehauptung in der Mitte des zweiten Jahrhunderts v. Chr. wurde in Vers 10 noch ein Wunsch für die standhaften Kämpfer (*Chasidim*) ergänzt: «Er (= Jahwe) bewahrt das Leben seiner Getreuen.»

FREUDE ÜBER DIE THRONBESTEIGUNG JAHWES

Psalm 98

Jauchzt Jahwe zu, die ganze Erde,
seid fröhlich und jubelt und spielt auf!
Spielt Jahwe auf mit der Leier,
mit der Leier und dem Klang von Saiten;
mit Trompeten und Hörnerschall
jauchzt vor dem König Jahwe!
Das Meer soll donnern und was es füllt,
der Erdkreis und die darauf wohnen;
die Ströme sollen in die Hände klatschen,
die Berge sollen miteinander jubeln
vor Jahwe; denn er ist gekommen,
die Erde zu richten.
Er wird den Erdkreis richten mit Gerechtigkeit
und die Völker, wie es recht ist.

Zur Thronbesteigung gehört der Jubel. Wenn Jahwe es ist, der den Thron besteigt, jubelt die ganze Welt. Anders als beim menschlichen König akklamieren nicht nur der Hofstaat, die Ältesten des Landes und das Militär. Der ganze Kosmos soll jubeln und sich unterwerfen.

Der Psalm besteht aus einer einzigen, dreiteiligen Aussage: «(1) Jauchzt Jahwe zu, (2) die ganze Erde; (3) denn er ist gekommen, die Erde zu richten.» Dieser Satz wird in drei Schritten poetisch entfaltet: (1) Wie wird gejubelt, (2) wer soll jubeln, und (3) warum ist die neue Herrschaft ein Grund zum Jubel.

(1) Der Aufruf «Jauchzt!» meint das Kampfgeschrei und den Siegesschrei. Wenn die Truppe, auf deren Macht das Königtum beruhte, einen der Ihren zum Anführer ausrief, bekundeten die übrigen ihre Unterwerfung, indem sie in wilden Lärm ausbrachen. Der Aufruf wird erneut in drei Befehlen entfaltet: «Seid fröhlich und jubelt und spielt auf!» An erster Stelle steht die Aufforderung zur Freude. Der zweite Befehl beschreibt mit dem Verb *rann*^{e}*nû* «jubelt!» lautmalerisch die Art des Jubels. Der dritte bezieht die Instrumentalbegleitung ein.

Zunächst wird die dritte Aufforderung wiederholt, um das Instrument zu nennen: «Spielt Jahwe auf mit der Leier!» Dann wird gesagt, wie es zu spielen ist: «mit der Leier und dem Klang von Saiten». Die Kastenleier diente zur Begleitung von Lied und Tanz. Das Jauchzen wird mit Trompete und Horn verstärkt. Beide Instrumente gehörten als Signalgeber zur militärischen Ausrüstung. Der vor dem König Jahwe erzeugte Lärm bringt nicht nur die Zustimmung zum Ausdruck; er soll auch die Nachricht von der Thronbesteigung verbreiten.

(2) Der zweite Akt umschreibt in vier Gliedern, wer zum Jauchzen aufgefordert ist: die Erdscheibe, das Meer, das die Erdscheibe umgibt, die Ströme unter der Erdscheibe und die Horizontberge, an denen die Erdscheibe hängt. Dabei stößt man auf eine Unstimmigkeit: «Das Meer soll donnern und was es füllt, der Erdkreis und die darauf wohnen.» Das Verb *jirʿam* «es soll donnern» passt zur Brandung des Meeres, nicht aber zum Erdkreis und zu seinen Bewohnern. Sie sind aus Psalm 24 übernommen: «Jahwe gehört die Erde *und was sie füllt, der Erdkreis und die darauf wohnen.*» Das Bekenntnis ist so abgewandelt, dass jetzt auch das Meer Jahwe gehört. Einst hatte es sich gegen den Wettergott Jahwe empört (Psalm 93), jetzt aber erkennt es Jahwes Herrschaft an und stimmt mit seinem Donnern in den Krönungsjubel ein. Ebenso tun es die Ströme, das heißt die unterirdischen Fluten. Sie bringen den Applaus durch Händeklatschen zum Ausdruck (vgl. 2. Könige 11,12; Psalm 47,2). Meer und Ströme sind wie in Psalm 93 Bilder für den chaotischen Meeresgott. Jahwe hat ihn besiegt. Darüber

jubeln besonders die Berge, die die Erdscheibe wie Pfeiler über dem Abgrund halten. Sie müssen das Anbranden des Chaosmeers nicht mehr fürchten.

(3) Der Grund des Jubels ist, dass Jahwe das drohende Chaos besiegt hat. Er ist gekommen, um seine Herrschaft über die Erde anzutreten. «Richten» steht für «regieren»; denn die wichtigste Aufgabe des Königs war, die Ordnung des Zusammenlebens zu schützen. Das tat der Gott als oberster Gerichtsherr, der das Recht auf der ganzen Erde zur Geltung bringt.

Der spätere Psalm

1 Ein Saitenspiel.
Singt Jahwe ein neues Lied,
denn Wunderbares hat er getan.
Seine Rechte hat ihm geholfen
und sein heiliger Arm.
2 Jahwe hat seine Hilfe kundgetan;
vor den Augen der Völker
hat er seine Gerechtigkeit enthüllt.
3 Er hat sich erinnert an seine Huld
und an seine Treue für das Haus Israel.
Alle Enden der Erde
haben die Hilfe unseres Gottes gesehen.
4 Jauchzt Jahwe zu, die ganze Erde,
seid fröhlich und jubelt und spielt auf!
5 Spielt Jahwe auf mit der Leier,
mit der Leier und dem Klang von Saiten;
6 mit Trompeten und Hörnerschall
jauchzt vor dem König Jahwe!
7 Das Meer soll donnern und was es füllt,
der Erdkreis und die darauf wohnen;
8 die Ströme sollen in die Hände klatschen,
die Berge sollen miteinander jubeln
9 vor Jahwe; denn er ist gekommen,

die Erde zu richten.
Er wird den Erdkreis richten mit Gerechtigkeit
und die Völker, wie es recht ist.

Dem Jubel zur Thronbesteigung geht im heutigen Psalm ein Siegeslied voraus. Dieser Ablauf ist folgerichtig: Wenn Jahwe seine Herrschaft antritt, muss er zuvor seine Feinde besiegt haben. Doch es ist nicht mehr die ganze Erde, die zum Jubel aufgerufen wird. Der Appell «Singt Jahwe ein neues Lied!» richtet sich an die Kultversammlung.

Der Aufbau ist derselbe wie im zweiten, älteren Teil: Einer Aufforderung zum Lob folgt eine Begründung. Aber die Proportionen haben sich verkehrt. Wo im zweiten Teil der Schwerpunkt auf den Imperativen liegt, denen am Schluss eine kurze Begründung folgt, steht jetzt am Anfang ein einziger Aufruf: «Singt!» Alles Weitere dient der Begründung.

Die Hoffnung lebt nicht mehr vom Mythos, sondern von der Erinnerung an das Handeln Jahwes in der Geschichte. Der Ruf «Singt Jahwe!» stimmt wörtlich mit dem Mirjamlied überein, das den Sieg besingt, den Jahwe einst am Schilfmeer über die Ägypter erfochten haben soll: «Singt Jahwe, denn er erhob sich hoch. Ross und Wagenkämpfer warf er ins Meer» (Exodus 15,21). Dieses Lied soll zum neuen Lied werden, «denn Wunderbares hat er getan». «Wunderbares» steht für die Befreiung aus Ägypten unter Zeichen und Wundern und für alles Weitere, das aus dieser Rettungstat gefolgt ist und folgen wird.

Auch hier ist Jahwe als Krieger vorgestellt. Wie ein Einzelkämpfer hat er einen Schildträger und einen Waffenträger bei sich. Es sind seine rechte Hand und sein heiliger Arm. Denn als Gott hilft er sich selbst. Der erhobene Arm Jahwes wird regelmäßig genannt, wenn sich die Israeliten an die Befreiung aus Ägypten erinnern. Er zeigt den Völkern bis an die Ränder der Erdscheibe Jahwes Bereitschaft, sich auch jetzt für sein Volk einzusetzen. Wenn Jahwe sein Königtum auf dem Zion wieder einnehmen wird (vergleiche Jesaja 52,7–10), wird der Thronjubel von Psalm 98,4–9 wieder wörtlich erklingen.

REGENTENSPIEGEL

Psalm 101

Von Huld und Recht will ich singen,
dir, Jahwe, will ich aufspielen!
Ich wandle mit ungeteiltem Herzen
inmitten meines Hauses.
Ich stelle vor meine Augen keinen,
der nichtsnutzig redet.
Wer Übertretungen begeht, den hasse ich,
er darf sich nicht an mich hängen.
Der Verkehrte soll von mir weichen,
den Bösen kenne ich nicht.
Wer heimlich einen anderen verleumdet,
den bringe ich zum Schweigen.
Wer hoher Augen und geblähten Herzens ist,
mit dem esse ich nicht.
Keiner bleibt inmitten meines Hauses,
der Betrug verübt.
Wer Lügen redet, besteht nicht
vor meinen Augen.

Im Kern des Psalms beschreibt der König, wie er sein Amt ausübt und weiterhin auszuüben gedenkt. Er beteuert, dass er in allen Dingen das Rechte tut. An seinem Hof duldet er niemanden, der schlechte Absichten verfolgt und falsche Tatsachen verbreitet.

Das Herz des Königs, die Mitte seiner Person, ist integer und leitet ihn bei seinen Entscheidungen und Taten. Keiner, der sich gemeinschaftsschädigend äußert (vergleiche 2. Samuel 16,7; 1. Könige 21,13), darf vor den König treten; denn wer so redet, lässt sich mit den Mächten des Chaos ein. Wer die Befehle des Königs übertritt, zieht dessen Hass auf sich, weil er den Treueeid bricht, den die Untertanen alljährlich vor der Gottheit schwören müssen. Denunzianten werden mit dem Tod bestraft. Wer die Loyalität verletzt, kann vor den Augen des Königs nicht bestehen, aber «die Lippe der Treue besteht für immer» (Sprüche 12,19).

Die Aufzählung verschiedener Formen des illoyalen Redens und Handelns erinnert an den Reinigungseid, mit dem man vor der Gottheit seine Unschuld beteuerte (vergleiche die Psalmen 5; 7; 26 und Hiob 31). Tatsächlich aber bildet die Liste eine Art Regentenspiegel, mit dem sich der König anlässlich seiner Thronbesteigung und ihrer jährlichen Feier vor der Gottheit verpflichtete. Beim babylonischen Neujahrsfest bekannte der König mit ähnlichen Worten vor dem Gott Marduk, die königlichen Pflichten nicht versäumt zu haben:

> Ich habe nicht gefehlt, Herr der Länder,
> war nicht nachlässig gegenüber deiner Göttlichkeit.
> Ich habe Babylon nicht zugrunde gerichtet,
> nicht seine Vernichtung befohlen.
> Ich habe Esaĝil nicht zum Wanken gebracht,
> nicht seine Riten in Vergessenheit geraten lassen.
> Ich habe nicht die unter Schutz stehenden Bürger geohrfeigt,
> ... nicht bewirkt, dass sie verachtet werden.
> Ich habe achtgegeben auf Babylon,
> nicht seine Umfassungsmauern zerstört.

Die Parallele lässt vermuten, dass der Regentenspiegel beim Neujahrsfest rezitiert wurde. Er ist als Preislied für Jahwe eingeleitet. Der König verpflichtet sich vor seinem Gott, wie er sein Amt führen will.

Die Begriffe «Huld und Recht» stehen für die Normen, die Jahwe dem König anvertraut hat (vergleiche Psalm 72,1) und die der König zur Geltung zu bringen beansprucht. «Der Thron des Königs besteht durch Gerechtigkeit» (Sprüche 16,12). «Huld und Treue bewahren den König, und er stützt durch Huld seinen Thron» (Sprüche 20,28).

Der spätere Psalm

1 Von David, ein Saitenspiel.
Von Huld und Recht will ich singen,
dir, Jahwe, will ich aufspielen!
2 Ich will achten auf den Weg der Vollkommenheit,
wann kommst du zu mir?
Ich wandle mit ungeteiltem Herzen
inmitten meines Hauses.
3 Ich stelle vor meine Augen
‹kein nichtsnutziges Wort›.
Übertretungen ‹zu begehen› hasse ich,
‹es haftet› nicht an mir.
4 ‹Das› verkehrte Herz soll von mir weichen,
‹Böses› kenne ich nicht.
5 Wer heimlich einen anderen verleumdet,
den bringe ich zum Schweigen.
Wer hoher Augen und geblähten Herzens ist,
‹den ertrage ich nicht›.
6 Mein Augenmerk ist auf den Getreuen des Landes,
dass sie bei mir wohnen.
Wer auf dem Weg der Vollkommenheit geht,
der darf mir dienen.
7 Keiner bleibt inmitten meines Hauses,
der Betrug verübt.
Wer Lügen redet,
besteht nicht vor meinen Augen.
8 Allmorgendlich bring ich zum Schweigen
alle Frevler des Landes,
indem ich vertilge aus der Stadt Jahwes alle Übeltäter.

In hellenistischer Zeit bezogen die Frommen die überlieferten Worte auf den messianischen Herrscher, den sie erwarteten. Sie sahen ihn als einen der Ihren an, der ihre Art der Frömmigkeit teilen würde.

Was im Königslied beschrieben wird, wurde als der Weg der Vollkommenheit verstanden. Leitend dafür waren die Gebote der Tora, nach denen die Frommen ihr Leben führten. Der König der kommenden Heilszeit wird der Tora folgen (Deuteronomium 17,18–19). Aus der Frage «Wann kommst du zu mir?» spricht die ungeduldige Sehnsucht, dass die Gottesherrschaft endlich anbrechen möge. Die Normen für die Amtsführung des Königs wurden zu ethisch-religiösen Maximen: Wie der einzelne Fromme wird auch der erwartete Heilskönig kein nichtsnutziges Wort gebrauchen und nicht die Tora übertreten (Vers 3). Sein Herz soll von Verkehrtem und Bösem frei und unbeschwert bleiben (Vers 4), wie auch der Fromme wünscht: «Ein reines Herz erschaffe mir, Gott!» (Psalm 51,12)

Der messianische König lehnt den Hochmut ab (Vers 5) und wendet sich stattdessen den Getreuen im Land zu. Wer sein Leben an der Tora ausrichtet, wird in den Hofstaat des kommenden Königs aufgenommen (Vers 6). Morgen für Morgen hält der König Gericht und reinigt das Land und die Gottesstadt von Frevlern und Übeltätern (Vers 8).

JAHWE ERNEUERT UND VERSORGT DIE WELT

Psalm 104

Jahwe, mein Gott, du bist sehr groß,
in Hoheit und Glanz hast du dich gekleidet!
Der sich in Licht hüllt wie in einen Mantel;
der die Himmel ausspannt wie ein Zelttuch.
Der in den Wassern seine Obergemächer zimmert;
der Wolken zu seinem Wagen macht;
der einherfährt auf den Flügeln des Sturms;
der Stürme zu seinen Boten macht,
Feuerflammen zu seinen Dienern.
Der Quellen in die Täler sendet,
dass sie zwischen den Bergen dahinfließen.
Der die Berge tränkt aus seinen Obergemächern,
von der Frucht deiner Werke wird die Erde satt.
Der Gras sprossen lässt für das Vieh
und Saatgrün für die Arbeit der Menschen,
dass er Brot aus der Erde hervorbringe.
Wie zahlreich sind deine Werke, Jahwe,
die Erde ist gefüllt mit deinem Eigentum!
Alle warten auf dich,
dass du ihnen Nahrung gibst zur rechten Zeit.
Wenn du ihnen gibst, sammeln sie ein,
wenn du deine Hand öffnest, werden sie satt mit Gutem.
Wenn du dein Angesicht verbirgst, erschrecken sie,
wenn du ihren Atem zurückziehst, sterben sie.
Wenn du deinen Atem aussendest, werden sie erschaffen,
und du erneuerst das Angesicht der Erde.

Die Herrlichkeit Jahwes währe allezeit,
Jahwe freue sich seiner Werke!
Der zur Erde blickt, dass sie erbebt,
schlägt auf die Berge, dass sie rauchen.
Ich will Jahwe singen mein Leben lang,
aufspielen meinem Gott, solange ich bin!

Der Beter preist seinen Gott Jahwe und dankt ihm, dass er die Welt umsorgt. Dafür greift er auf eine längere Reihe aus vorgeprägten Attributen zurück. Diese Form des attributiven Gotteslobs ist sowohl in Mesopotamien als auch in Ägypten breit bezeugt. Deshalb hat der Psalm dort eine große Anzahl enger Parallelen.

Der Gott Jahwe trägt ein Gewand aus gleißendem Licht. Das zeigt seine überragende Hoheit (vergleiche Psalm 93,1). Ebenso wurde der mesopotamische Wettergott Adad gerühmt, «der mit Glanz ganz bekleidet ist».

Jahwe hat den Kosmos geordnet, indem er den Himmel über der Erde ausgespannt hat, um die oberen Wasser zurückzuhalten. Während in der ugaritischen Mythologie der Handwerkergott Kôṯar-wa-Ḫasīs («Geschickt-und-Schlau») den Tempel für den Gott Baʿal errichtet, hat Jahwe seinen Palast über dem Firmament eigenhändig gebaut. So wohnt er inmitten der überirdischen Chaoswasser, die er von dort aus beherrscht.

Wenn der Sturm die schwarzen Gewitterwolken treibt, sieht man Jahwe über den Himmel jagen, umgeben von Stürmen und Flammen, die seinen Wagen eskortieren. Von dem ugaritischen Baʿal sagte man, dass er «mit den Wolken einherfährt», von Adad, dass er «auf den wilden Stürmen fährt», als seien sie sein Wagen.

Mit dem Sturm bringt der Gott den Regen. Aus dem gewaltigen Reservoir der himmlischen Wasser tränkt er die Berge und lässt in den Tälern die Quellen sprudeln. Damit sättigt er die Erde, sodass Mensch und Vieh leben können. In Ugarit sang man von Baʿal:

Gut ist für die Erde der Regen des Baʿal,
ja, für das Feld der Regen des Mächtigen.

Adad pries man als den, «der alles Grün gedeihen lässt» und «der allen Lebewesen Unterhalt gibt».

Die Lebewesen, die Jahwe ernährt und mit denen er die Erde füllt, sind sein Eigentum. Selbst ihr Atem geht von Jahwe aus. Es sind seine Atemzüge, die immer neue Tiere und Menschen ins Leben rufen. Diese Vorstellung wurde aus Ägypten übernommen, wo man den Weltgott Amun-Re pries: «Die du auf Erden geschaffen hast, sie atmen durch dich.» Im Psalm verbindet sie sich mit dem Wirken des Wettergottes: Jahr für Jahr macht Jahwe die Erde aufs Neue fruchtbar.

Der Psalm schließt mit dem Wunsch, dass Jahwes Herrlichkeit für immer bestehen möge. Dass Jahwe sich an seinen Werken erfreuen soll, lässt an die Freude bei der Thronbesteigung denken. Dahinter steht die Sorge, dass die Lebenswelt chaotischen Mächten schutzlos ausgesetzt bleiben könnte. In der sommerlichen Dürrezeit war Jahwe verschwunden. Umso mehr wird seine Macht beschworen. Wenn er zurückkehrt, wird die Erde erzittern. Wie Jahwes Herrschaft nicht enden soll, will der Beter sein Leben lang Jahwe mit Lobgesang preisen.

Der spätere Psalm

1 Preise Jahwe, meine Seele!
Jahwe, mein Gott, du bist sehr groß,
in Hoheit und Glanz hast du dich gekleidet!
2 Der sich in Licht hüllt wie in einen Mantel;
der die Himmel ausspannt wie ein Zelttuch.
3 Der in den Wassern seine Obergemächer zimmert;
der Wolken zu seinem Wagen macht;
der einherfährt auf den Flügeln des Sturms;
4 der Stürme zu seinen Boten macht,
Feuerflammen zu seinen Dienern.

5 Er hat die Erde auf ihre Pfeiler gegründet,
dass sie niemals wankt.
6 Die Urflut – wie ein Kleid diente sie ‹als Hülle›,
auf den Bergen standen die Wasser.
7 Sie flohen vor deinem Schelten,
vor der Stimme deines Donners liefen sie davon,
8 stiegen hinauf auf die Berge, hinab in die Klüfte,
an den Ort, den du ihnen gegründet hast.
9 Eine Grenze hast du gesetzt,
die sie nicht überschreiten dürfen,
sie dürfen nie wieder die Erde bedecken.
10 Der Quellen in die Täler sendet,
dass sie zwischen den Bergen dahinfließen.
11 Sie tränken alle Tiere des Feldes,
Wildesel stillen ihren Durst.
12 Über ihnen wohnen die Vögel des Himmels,
in dichtem Laub lassen sie ihre Stimme erklingen.
13 Der die Berge tränkt aus seinen Obergemächern,
von der Frucht deiner Werke wird die Erde satt.
14 Der Gras sprossen lässt für das Vieh
und Saatgrün für die Arbeit der Menschen,
dass er Brot aus der Erde hervorbringe.
15 Auch Wein erfreue des Menschen Herz,
dass er das Angesicht glänzen lasse von Öl,
und Brot stärke des Menschen Herz.
16 Die Bäume Jahwes werden satt,
des Libanon Zedern, die er gepflanzt hat,
17 wo Vögel nisten.
Der Storch hat ‹in ihren Wipfeln› sein Haus.
18 ‹Die› hohen Berge gehören den Steinböcken,
die Felsen sind Zuflucht für die Klippdachse.
19 Er hat den Mond gemacht,
um den Kalender zu bestimmen,
und die Sonne, die weiß, wann sie untergeht.
20 Du machst Finsternis, dann wird es Nacht,
in ihr regen sich alle Tiere des Dickichts.

21 Die jungen Löwen brüllen nach Beute
und verlangen von Gott ihre Speise.
22 Geht die Sonne auf, sammeln sie sich
und verkriechen sich in ihre Verstecke.
23 Da geht der Mensch hinaus zu seinem Tun
und zu seiner Arbeit bis zum Abend.
24 *Wie zahlreich sind deine Werke, Jahwe,*
sie alle hast du in Weisheit vollendet,
die Erde ist gefüllt mit deinem Eigentum!
25 Da ist das Meer, groß und weit,
dort wimmelt es ohne Zahl,
kleine Tiere und große.
26 Dort ziehen Schiffe dahin,
der Leviatan, den du gebildet hast,
um mit ihm zu spielen.
27 *Alle warten auf dich,*
dass du ihnen Nahrung gibst zur rechten Zeit.
28 *Wenn du ihnen gibst, sammeln sie ein,*
wenn du deine Hand öffnest, werden sie satt mit Gutem.
29 *Wenn du dein Angesicht verbirgst, erschrecken sie,*
wenn du ihren Atem zurückziehst, sterben sie
und kehren zu ihrem Staub zurück.
30 *Wenn du deinen Atem aussendest, werden sie erschaffen,*
und du erneuerst das Angesicht der Erde.
31 *Die Herrlichkeit Jahwes währe allezeit,*
Jahwe freue sich seiner Werke!
32 Der zur Erde blickt, dass sie erbebt,
schlägt auf die Berge, dass sie rauchen.
33 *Ich will Jahwe singen mein Leben lang,*
aufspielen meinem Gott, solange ich bin!
34 Mein Sinnen sei bei ihm angenehm,
ich freue mich an Jahwe.
35 Die Sünder sollen umkommen von der Erde
und die Frevler nicht mehr sein!
Preise Jahwe, meine Seele!

Die Schilderung der göttlichen Fürsorge für die Erde wurde nach und nach weiter ausgestaltet. In den Versen 5–9 wird hinzugefügt, wie Jahwe in ferner Urzeit das Weltgebäude gegründet, die chaotische Urflut gebändigt und ihr in den Meeren einen umgrenzten Bereich zugewiesen hat (vergleiche Hiob 38,8–11).

Wie der Jahreskreis seit alters mit Jahwes Wirken verbunden war, wurde auch der Kreislauf von Tag und Nacht auf ihn zurückgeführt (Verse 20–23). Wegen dieses Abschnittes wird Psalm 104 gern mit dem Großen Sonnenhymnus des Pharao Echnaton (ca. 1351–1334 v. Chr.) verglichen, wo der Rhythmus von Nacht und Tag auf ähnliche Weise beschrieben wird:

> Gehst du unter im westlichen Horizont,
> ist die Erde in Finsternis, in der Verfassung des Todes.
> Die Schlafenden sind im Schlafgemach, die Häupter sind verhüllt,
> nicht sieht ein Auge das andere.
> Dass man alle ihre Sachen raubt, die unter ihren Köpfen sind,
> merken sie nicht.
> Jeder Löwe ist aus seiner Höhle gekommen,
> und alles Gewürm, es beißt.
> Finster ist das Herdfeuer, das Land ist im Schweigen,
> da der, der sie erschaffen hat, untergegangen ist in seinem Horizont.
> Das Land wird hell, sobald du aufgegangen bist am Horizont,
> sobald du leuchtend geworden bist als Aton am Tag.
> Du vertreibst die Finsternis, indem du deine Strahlen gibst.
> Die beiden Länder sind im Fest, indem das Sonnenvolk erwacht ist
> und auf beiden Beinen steht, nachdem du sie aufgerichtet hast.
> Wenn sie ihre Körper gereinigt und Kleidung angelegt haben,
> sind ihre Arme beim Loben deines Erscheinens.
> Das ganze Land, sie tun ihre Arbeit.

In Psalm 104 gilt die Nacht jedoch nicht als Zeit der Gottesferne. Wenn nachts die Löwen brüllen, richten sie sich an den Gott, der sie ernährt (Vers 21).

Die Verse 11–12 und 15–19 beschreiben die Erde, wie sie im Rhythmus der Tage und Monate fruchtbar gemacht und belebt wird. Ein weiterer Abschnitt blickt auf die Weite des Meeres (Verse 25–26). Es ist vom Gewimmel zahlloser Lebewesen erfüllt. Schiffe ziehen auf ihm ihre Bahn. Auf Abbildungen phönizischer Schiffe fällt der tier- oder drachenförmige Bug auf. Er erinnert an den Drachen Leviathan, der das Meer aufpeitscht und die Erde erbeben lässt. Im Psalm hat der Leviathan seinen Schrecken verloren. Für Jahwe ist er ein Spielzeug wie für ein kleines Kind (vergleiche Hiob 40,29).

Jahwes Freude über seine Schöpfung spiegelt sich im Beter, der über die Werke Jahwes nachdenkt und sich an seinem Gott erfreut (Vers 34). Vom Nachdenken über die Gottheit sprechen auch die benachbarten Psalmen 102 (Vers 1) und 105 (Vers 2). Am Anfang und am Ende des Psalms wurde aus Psalm 103 der Ausruf «Preise Jahwe, meine Seele!» ergänzt. Zuletzt kam der Wunsch hinzu, dass die Frevler von der Erde verschwinden sollen (Vers 35a). Sie stören die Harmonie der Welt und gefährden deren Bestand.

DANK FÜR DIE RETTUNG VOR DEM TOD

Psalm 118,5.14–28

Aus der Bedrängnis rief ich Jah;
da antwortete mir in die Weite Jah.
Meine Stärke und mein Schutz ist Jah,
und er wurde mir zur Rettung.
Die Rechte Jahwes tut Machttat!
Die Rechte Jahwes ist erhöht!
Die Rechte Jahwes tut Machttat!
Ich werde nicht sterben, sondern leben
und will erzählen die Taten Jahs:
Schwer gezüchtigt hat mich Jah,
aber dem Tod hat er mich nicht übergeben.
Öffnet mir die Tore der Gerechtigkeit!
Ich will durch sie eingehen, will danken Jah.
Ich danke dir, denn du hast mir geantwortet
und wurdest mir zur Rettung.
Du bist mein Gott, und ich danke dir;
mein Gott, ich will dich erheben.

Dieses Dankgebet hebt sich dadurch ab, dass es die seltene Kurzform Jah des Gottesnamens gebraucht, die aus dem Jubelruf Halleluja («Preist Jah!») geläufig ist und sich auch in Eigennamen findet. Wie im *hal^elû-jāh* stehen alle sechs Nennungen von Jah am Ende der Zeile. Der Psalm besteht aus sieben Doppelzeilen. In den ersten vier berichtet der Beter, dass Jah ihn gerettet hat. Dann bittet er um Einlass in das Heiligtum. In den letzten beiden Doppelzeilen erstattet er Jah seinen Dank und bekennt sich zu ihm als seinem Gott.

Der Beter beginnt damit, dass Jahwe seine Klage erhört hat. Seine Not war lebensbedrohlich. Worin sie genau bestanden hat, bleibt offen. Das Formular ließ sich für unterschiedliche Anlässe verwenden. Die Krise ist überwunden und nur mehr Erinnerung. Jahwe hat sich für den Beter als Stärke und Schutz erwiesen. Der Satz «Er wurde mir zur Rettung» variiert eine Formel, die sonst für den Vasallenvertrag, bei der Heirat, bei der Adoption, bei der Bestallung mit einem Amt und auch für das Gottesverhältnis gebraucht wird. Sie kehrt wieder in dem Bekenntnis: «Du wurdest mir zur Rettung.»

Ein Vasallenverhältnis kann Sanktionen einschließen. Im Rückblick sieht der Beter in der überstandenen Not eine Erziehungsmaßnahme. Daran, dass er überlebt hat, erkennt der Beter, dass das Verhältnis zu seinem Gott auch in der Not nicht in Frage stand. Jahwe hat die Bitte erfüllt, «dass ich nicht zum Tod entschlafe» (Psalm 13,4).

Davon erzählt er vor den Versammelten. Dann tritt er in den Tempel ein. Die «Tore der Gerechtigkeit» sind der Zugang zum Heiligtum. Das Tor war ebenso der Ort der Gerichtsversammlung, wo das Recht gesprochen wurde. Durch das Tor ziehen der Gott und der König ein, wenn es ihnen gelungen ist, die Feinde der Weltordnung zu besiegen (Psalm 24). Wenn der Beter in die Tore der Gerechtigkeit tritt, ist er mit der Weltordnung in Einklang. Mit seinem Dankopfer erneuert er seinerseits seine Rolle als Vasall.

An die Rettungstat Jahwes wird auch dadurch erinnert, dass zwischen der zweiten und dritten Doppelzeile ein Schlachtruf eingetragen wurde. Nach seiner Form zu urteilen, ist er einmal selbständig überliefert worden. Er gebraucht die übliche Form des Gottesnamens. Die Erinnerung an solche Schlachtrufe hat sich erhalten. Wie der Ruf lauten konnte, ist für den – allerdings sagenhaften – Kampf Gideons gegen die Midianiter überliefert: «Für Jahwe und für Gideon!» (Richter 7,18) oder «Schwert Jahwes und Gideons!» (Richter 7,20).

Die erhobene Rechte des Gottes kann zu einer eigenen Wesenheit werden. Im ugaritischen Baʿal-Epos erhält die Donnerkeule, die der Gott mit seiner rechten Hand führt, den Eigennamen *Jagarrisch* («Er soll vertreiben»). Eine zweite Waffe wird *Ajjamur* («Vertreibe jeden») genannt. Beide werden von Baʿal geführt, erhalten aber einen je eigenen Auftrag zum Kampf. In Taima in Nordwest-Arabien hat sich eine Votivstele aus der Zeit um 400 v. Chr. gefunden, deren aramäische Inschrift so beginnt: «Das ist, was dargebracht hat Tajmu, der Sohn des Elahu, dem (göttlichen) Arm für das Leben seiner Seele …» Jesaja 30,30 beschreibt, wie der Gott kämpft: «Jahwe wird seine erhabene Stimme hören lassen, und das Herabfahren seines Arms wird er sehen lassen mit grimmigem Zorn und mit der Flamme fressenden Feuers, mit Wolkenbruch und Unwetter und Hagelschlag.»

DER KÖNIG BEKENNT SEIN GOTTVERTRAUEN

Psalm 118,6–13

Jahwe ist für mich. Ich fürchte mich nicht.
  Was können Menschen mir antun?
Jahwe ist für mich unter meinen Helfern;
  ich aber, ich werde herabsehen auf meine Hasser.
Alle Völker umzingeln mich;
  im Namen Jahwes werde ich sie abwehren.
Sie umzingeln, ja umzingeln mich;
  im Namen Jahwes werde ich sie abwehren.
Sie umzingeln mich wie Bienen;
  im Namen Jahwes werde ich sie abwehren.
Ich werde heftig gestoßen, dass ich fallen soll,
  aber Jahwe hilft mir.

Der Psalm beginnt ähnlich wie Psalm 27: «Jahwe ist mein Licht und meine Rettung; vor wem sollte ich mich fürchten?» Auch diesmal antwortet das Bekenntnis auf die Beistandszusage, die der Sprecher von seinem Gott empfangen hat. Das Bekenntnis wird wiederholt, um es zu bekräftigen: «Jahwe ist für mich. Ich fürchte mich nicht! Jahwe ist für mich unter meinen Helfern.» Mit «Helfer» ist der Adjutant oder Schildträger gemeint, der dem Kämpfer die Deckung gibt.

Auch dieses Gebet ist für den von Feinden bedrängten König bestimmt, wie der sehr ähnliche Psalm 3. Dass ihn «alle Völker» umstellen, ist stark übertrieben. Solche Übertreibungen finden sich in den Inschriften der Könige überall. Weil Jahwe ihm zur Seite steht, wird der König «herabsehen auf seine Hasser». Auch diese Wendung gibt es mehrfach: «Er hat mich aller Not entrissen, und mein Auge hat auf meine Feinde gesehen!» (Psalm 54,9) Ganz ähnlich spricht König Mescha von Moab im neunten Jahrhundert auf seiner Siegesstele: «Er hat mich vor allen Königen gerettet und ließ mich auf alle meine Feinde herabsehen.»

Der spätere Psalm 118

1 Dankt Jahwe; denn er ist gut,
denn für immer währt seine Huld.
2 Es spreche Israel:
Denn für immer währt seine Huld.
3 Es spreche das Haus Aaron:
Denn für immer währt seine Huld.
4 Es sollen sprechen, die Jahwe fürchten:
Denn für immer währt seine Huld.
5 Aus der Bedrängnis rief ich Jah,
da antwortete mir in die Weite Jah.
6 Jahwe ist für mich. Ich fürchte mich nicht.
Was können Menschen mir antun?
7 Jahwe ist für mich unter meinen Helfern;
ich aber, ich werde herabsehen auf meine Hasser.
8 Es ist besser, sich bei Jahwe zu bergen,
als sich auf Menschen zu verlassen.
9 Es ist besser, sich bei Jahwe zu bergen,
als sich auf Fürsten zu verlassen.
10 Alle Völker umzingeln mich;
im Namen Jahwes werde ich sie abwehren.
11 Sie umzingeln, ja umzingeln mich;
im Namen Jahwes werde ich sie abwehren.
12 Sie umzingeln mich wie Bienen,
sie werden ausgelöscht wie Dornen im Feuer;
im Namen Jahwes werde ich sie abwehren.

13 Ich ‹werde› heftig gestoßen, dass ich fallen soll,
aber Jahwe hilft mir.
14 Meine Stärke und ‹mein› Schutz ist Jah,
und er wurde mir zur Rettung.
15 Geschrei des Jubels und der Rettung
in den Zelten der Gerechten:
Die Rechte Jahwes tut Machttat!
16 *Die Rechte Jahwes ist erhöht!*
Die Rechte Jahwes tut Machttat!
17 Ich werde nicht sterben, sondern leben
und will erzählen die Taten Jahs:
18 Schwer gezüchtigt hat mich Jah,
aber dem Tod hat er mich nicht übergeben.
19 Öffnet mir die Tore der Gerechtigkeit!
Ich will durch sie eingehen, will danken Jah.
20 Das ist das Tor Jahwes,
durch das die Gerechten eintreten werden.
21 Ich danke dir, denn du hast mir geantwortet
und wurdest mir zur Rettung.
22 Der Stein, den die Bauleute verworfen haben,
ist zum Eckstein geworden.
23 Von Jahwe ist das geschehen.
Es ist ein Wunder in unsern Augen.
24 Dies ist der Tag, den Jahwe gemacht hat;
wir wollen jauchzen und fröhlich an ihm sein.
25 Ach Jahwe, hilf doch!
Ach Jahwe, lass doch gelingen!
26 Gesegnet sei, der im Namen Jahwes hereintritt!
Wir segnen euch vom Haus Jahwes aus.
27 Jahwe ist Gott, er erleuchtete uns.
Schmückt das Fest mit Zweigen
bis an die Hörner des Altars!
28 Du bist mein Gott, und ich danke dir;
mein Gott, ich will dich erheben.
29 Dankt Jahwe; denn er ist gut,
denn für immer währt seine Huld.

Psalm 118 beginnt in seiner jetzigen Gestalt als Litanei, wechselt dann zum Danklied, danach zum Vertrauenslied. Es gibt hymnische Elemente, Sprichwörter, Bitten in Wir-Form, Segenswünsche. Am Schluss steht ein Festpsalm und wieder ein Element der Liturgie, das den Anfang wiederholt. Der Psalm besitzt auf diese Weise einen Rahmen, der ihn trotz aller Spannungen zusammenhält.

Der letzte Vers: «Dankt Jahwe; denn er ist gut, denn für immer währt seine Huld», ist nicht nur mit dem Beginn von Psalm 118 identisch, sondern auch mit dem von Psalm 136. Er dient als notwendige Brücke, denn die Verse 2–4 beziehen sich tatsächlich auf Psalm 136. Sie bestimmen, wer die Antwort «denn für immer währt seine Huld» sprechen soll, die in dieser Litanei in jeder Zeile wiederkehrt: das Gottesvolk Israel, das Haus Aaron als die Priesterschaft des Tempels, und später die frommen Jahwefürchtigen.

In diesen Rahmen sind mehrere einst selbständige Gebete eingerückt worden, zunächst der Dankpsalm in den Versen 5 und 14–28. In einem zweiten Schritt kam der Vertrauenspsalm in den Versen 6–13 hinzu. Er dient jetzt dazu, den Rückblick auf die Rettung in Vers 5 zu erweitern. In den Versen 22–27 findet sich das Fragment eines Festpsalms. Er preist das Bauwerk des Tempels als «Wunder vor unseren Augen» und heißt die Pilger willkommen: «Gesegnet sei, der im Namen Jahwes hereintritt!»

Zuletzt haben die frommen Gerechten den Psalm zu ihrem Gebet gemacht (Vers 4). Sie sehen sich als diejenigen, die das Recht haben, durch die geöffneten Tore der Gerechtigkeit den Tempel zu betreten (Vers 20) und dort Jahwe um Rettung anzuflehen (Vers 25); denn sie stehen zu ihrem Gott in besonderer Nähe (Vers 27a). In Vers 8–9 haben sie ein doppeltes Sprichwort über den Wert des Gottvertrauens hinzugefügt (vergleiche Jeremia 17,5–8). Die Frommen beziehen die Rettung auf das erhoffte Endgericht über die Frevler: «Sie werden ausgelöscht wie Dornen im Feuer» (Vers 12a).

ANHANG

WEITERFÜHRENDE LITERATUR UND NACHWEISE

Zitierte Quellensammlungen

ÄHG — Jan Assmann, Ägyptische Hymnen und Gebete, Freiburg (Schweiz) und Göttingen ^{2}1999.

HTAT — Manfred Weippert, Historisches Textbuch zum Alten Testament, Göttingen 2010.

KAI — Herbert Donner / Wolfgang Röllig, Kanaanäische und aramäische Inschriften, Wiesbaden ^{3}1971.

KAI^{5} — Herbert Donner / Wolfgang Röllig, Kanaanäische und aramäische Inschriften, Band 1, Wiesbaden ^{5}2002.

KTU^{3} — Manfried Dietrich / Oswald Loretz / Joaquín Sanmartín, Die keilalphabetischen Texte aus Ugarit, Ras Ibn Hani und anderen Orten. Dritte, erweiterte Auflage, Münster 2013.

RINAP — The Royal Inscriptions of the Neo-Assyrian Period 1–5; http://oracc.museum.upenn.edu/rinap/

RTB — Walter Beyerlin, Religionsgeschichtliches Textbuch zum Alten Testament, Göttingen 1975.

SAHG — Adam Falkenstein / Wolfram von Soden, Sumerische und akkadische Hymnen und Gebete, Zürich 1953.

TUAT — Otto Kaiser (Hg.), Texte aus der Umwelt des Alten Testaments, Gütersloh 1982–2001.

TUAT.NF — Bernd Janowski / Daniel Schwemer (Hg.), Texte aus der Umwelt des Alten Testaments. Neue Folge, Gütersloh 2004–2020.

Einführungen in die Psalmen

Johannes Schnocks, Psalmen, Paderborn 2014.

Klaus Seybold, Die Psalmen. Eine Einführung, 2., durchgesehene Auflage, Stuttgart / Berlin / Köln 1991.

Psalm 3

Zur Vertiefung: Andrea Beyer, Vom Traumorakel zum Morgenlied. Literarkritische und kompositionsgeschichtliche Erwägungen zur Textgeschichte von Psalm 3, Biblische Notizen 144 (2010), 71–85; Bernd Janowski, Psalm 3 «Rettung aus Feindeshand», in: ders. / Friedhelm Hartenstein, Psalmen (Biblischer Kommentar. Altes Testament XV/1, 2–3), Neukirchen-Vluyn 2015, 135–161.

Quellen: Der Ausspruch aus dem Ischtar-Orakel findet sich auf der Sammeltafel K 4310 aus Ninive (III 18–19), übersetzt in TUAT II/1, 59 (Karl Hecker). – Der Text der Stele des Königs Zakkur von Hamath ist publiziert in KAI Nr. 202; Übersetzung in TUAT I/6, 626–628 (Wilhelmus C. Delsman). – Der Text des Aqhat-Epos aus Ugarit KTU 1.17–1.19 findet sich in KTU³ 48–62; zitiert ist KTU 1.17 I 28–29 (eigene Übersetzung).

Psalm 5

Zur Vertiefung: Leo Krinetzki, Psalm 5. Eine Untersuchung seiner dichterischen Struktur und seines theologischen Gehaltes, Theologische Quartalschrift 142 (1962), 23–46; Bernd Janowski, Rettungsgewißheit und Epiphanie des Heils. Das Motiv der Hilfe Gottes «am Morgen» im Alten Orient und im Alten Testament, Neukirchen-Vluyn 1989, 180–191: «Jahwe als morgendlicher Retter und Richter».

Quellen: Die Leberschau in Ugarit ist in KTU 1.78 belegt; Übersetzung in TUAT II/1, 100 (Manfried Dietrich / Oswald Loretz). – Das Gebet an den Mondgott ist entnommen aus SAHG 317.

Psalm 6

Zur Vertiefung: Antonius Kuckhoff, Psalm 6 und die Bitten im Psalter. Ein paradigmatisches Bitt- und Klagegebet im Horizont des Gesamtpsalters, Göttingen 2011; Friedhelm Hartenstein, Psalm 6 «Zwischen Zorn und Gnade», in: ders. / Bernd Janowski, Psalmen (siehe zu Psalm 3), 220–253.

Quellen: Das Zitat aus dem Sumerischen Hiob, Zeilen 68–73, ist entnommen aus TUAT III/1, 106–107 (Willem H. Ph. Römer); es findet sich auch in RTB 165 (Hartmut Schmökel). – Die beiden akkadischen Klagen sind zitiert aus Stefan M. Maul, ‹Herzberuhigungsklagen›. Die sumerisch-akkadischen Eršaḫunga-Gebete, Wiesbaden 1988, 163 (Ešḫ n22-n23 Z. 10–11) und 210 (Text: George Reisner, Sumerisch-Babylonische Hymnen nach Thontafeln griechischer Zeit, Berlin 1896, Nr. 30 Z. 19–20).

Psalm 7

Zur Vertiefung: Erik Aurelius, Davids Unschuld. Die Hofgeschichte und Psalm 7, in: Markus Witte (Hg.), Gott und Mensch im Dialog, Berlin / New York 2004, 391–412, dort 495–412; Bernd Janowski, Psalm 7 «Die rettende Gerechtigkeit», in: ders. / Friedhelm Hartenstein, Psalmen (siehe zu Psalm 3), 254–289.

Psalm 13

Zur Vertiefung: Hubert Irsigler, Psalm-Rede als Handlungs-, Wirk- und Aussageprozeß. Sprechaktanalyse und Psalmeninterpretation am Beispiel von Psalm 13, in: Klaus Seybold / Erich Zenger (Hg.), Neue Wege der Psalmenforschung, Freiburg / Basel / Wien 1994, 63–104; Bernd Janowski, Das verborgene Angesicht Gottes. Psalm 13 als Muster eines Klagelieds des einzelnen, Jahrbuch für Biblische Theologie 16 (2001), 25–53.

Quellen: Die Frage «Wie lange?» aus dem «sumerischen Hiob», Zeile 98–100, findet sich in TUAT III/1, 107 (Willem H. Ph. Römer); auch in RTB 165 (Hartmut Schmökel). – Die Gebetsbeschwörung an die babylonische Göttin Ischtar, Zeilen 56–59.63.93–95, ist aus SAHG 331 übernommen; sie findet sich auch in TUAT.NF 7, 89–90 (Karl Hecker).

Psalm 18

Zur Vertiefung: Frank-Lothar Hossfeld, Der Wandel des Beters in Psalm 18. Wachstumsphasen eines Dankliedes, in: Ernst Haag (Hg.), Freude an der Weisung des Herrn. Beiträge zur Theologie der Psalmen, Stuttgart 1986, 171–190; Klaus-Peter Adam, Der königliche Held. Die Entsprechung von kämpfendem Gott und kämpfendem König in Psalm 18, Neukirchen-Vluyn 2001.

Quellen: Die Inschrift des Sanherib findet sich: RINAP 3 Sennacherib 16 V 2–4 (eigene Übersetzung). – Die Inschrift Assurbanipals K 2867: Vs. 13 findet sich in RINAP 5 Ashurbanipal 186 (http://oracc.org/rinap/Q007594/; Übersetzung: Michael Streck, Assurbanipal und die letzten assyrischen Könige bis zum Untergang Niniveh's, Bd. 2, Leipzig 1916, 210–211). – Das neuassyrische Pfeilritual anhand von K 3438a + K 9912 ist dokumentiert von Gerhard Karner, «Ein Siegespfeil von Jahwe». Eine neuassyrische Parallele zu 2 Kön 13,14–20, Wiener Zeitschrift für die Kunde des Morgenlandes 96 (2006), 159–195, hier 179–183.

Abbildungen: Orthostat aus Tell Halaf, Nordsyrien, 10.–9. Jh. v. Chr.; The Metropolitan Museum of Art (Public Domain: metmuseum.org). – Die Darstellung aus dem Grab Thutmosis' IV. sowie die Nachzeichnung der

Narmerpalette sind entnommen aus OTHMAR KEEL, Die Welt der altorientalischen Bildsymbolik und das Alte Testament. Am Beispiel der Psalmen, Göttingen [5]1996, Abb. 357 und 397.

Psalm 20

Zur Vertiefung: INGO KOTTSIEPER, Anmerkungen zu Pap. Amherst 63. I: 12,11–19. Eine aramäische Version von Ps 20, Zeitschrift für die alttestamentliche Wissenschaft 100 (1988), 217–244; REETTAKAISA SOFIA SALO, Die judäische Königsideologie im Kontext der Nachbarkulturen. Untersuchungen zu den Königspsalmen 2, 18, 20, 21, 45 und 72, Tübingen 2017, 54–96; MENAHEM KISTER, Psalm 20 and Papyrus Amherst 63. A Window to the Dynamic Nature of Poetic Texts, Vetus Testamentum 70 (2020), 426–457.

Quellen: Der Krönungshymnus aus Emar und Ugarit ist zitiert nach MANFRIED DIETRICH, *buluṭ bēlī* «Lebe, mein König!» Ein Krönungshymnus aus Emar und Ugarit und sein Verhältnis zu mesopotamischen und westlichen Inthronisationsliedern, Ugarit-Forschungen 30 (1998), 155–200. – Das Gebet für den König aus Ugarit ist wiedergegeben in der Deutung von HERBERT NIEHR, Ein Ritual im Rahmen der Feierlichkeiten einer Königsinthronisation in Ugarit. Zur Situierung von KTU 1.108, in: Reinhard Müller u. a. (Hg.), Rituale und Magie in Ugarit. Praxis, Kontexte und Bedeutung, Tübingen 2022, 173–196. – Die Glückwünsche für Sargon finden sich in SAHG 279–282. – Die Wiedergabe von Papyrus Amherst 63 Spalte XII 11–19 folgt SALO, 62–63, die ihrerseits auf KOTTSIEPER, 222–224, zurückgreift.

Psalm 21

Zur Vertiefung: HERMANN SPIECKERMANN, Heilsgegenwart. Eine Theologie der Psalmen, Göttingen 1989, 208–219: «Der König von Jahwes Ehren: Ps 21»; SALO, Königsideologie (siehe zu Psalm 20), 97–149.

Quellen: Der Abschnitt KTU 1,17 VI 26–28 aus dem Aqhat-Epos wird zitiert nach REINHARD MÜLLER / CLEMENS STEINBERGER, Ein himmlischer Betrugsversuch und seine Entlarvung. Edition und narratologische Untersuchung von KTU 1.17 VI, in: Ingo Kottsieper / Hans Neumann (Hg.), Literaturkontakte Ugarits. Wurzeln und Entfaltungen, Münster 2021, 123–173, dort 132–133; vergleiche auch TUAT III/6, 1273–1274 (Manfried Dietrich / Oswald Loretz). – Das Orakel an Asarhaddon K 4310 Kol. III 15–30 findet sich in TUAT II/1, 58 (Karl Hecker). – Das Pfeilorakel aus Assyrien K 3438a + K 9912 wird wiedergegeben nach KARNER, «Ein Siegespfeil von Jahwe» (siehe zu Psalm 18), 179–182.

Psalm 23

Zur Vertiefung: Siegfried Mittmann, Aufbau und Einheit des Danklieds Psalm 23, Zeitschrift für Theologie und Kirche 77 (1980), 1–23; Friedhelm Hartenstein, Präzise Mehrdeutigkeit. Zur Multiperspektivität von Text und Auslegung am Beispiel von Psalm 23, in: Cornelia Richter / Jonas Bauer (Hg.), Anknüpfung und Aufbruch. Hermeneutische, ästhetische und politische Perspektiven der Theologie, Leipzig 2011, 13–24; Bernd Janowski, Der Gute Hirte. Psalm 23 und das biblische Gottesbild, in: Angelika Berlejung / Raik Heckl (Hg.), Ex oriente Lux. Studien zur Theologie des Alten Testaments, Leipzig 2012, 247–271.

Quellen: Der Hymnus auf Amun-Re steht auf dem Ostrakon 5656a im Britischen Museum; Übersetzung: ÄHG Nr. 190, Zeilen 13–17. Zahlreiche weitere Beispiele für das Motiv bietet Dieter Müller, Der gute Hirte. Ein Beitrag zur Geschichte ägyptischer Bildrede, Zeitschrift für Ägyptische Sprache und Altertumskunde 86 (1961), 126–144. – Der Brief A. 1968 aus Mari, aus dem die Zeilen 4–5 und 2–6 zitiert sind, ist gut zugänglich bei Martti Nissinen, Prophets and Prophecy in the Ancient Near East, Atlanta 2003, 21–22 (eigene Übersetzung).

Abbildungen: Elfenbeine aus Megiddo, ca. 1350–1150 v. Chr., nach Gordon Loud, The Megiddo Ivories (The University of Chicago Oriental Institute Publications 52), Chicago 1939, Plate 4 No 2b und Plate 32 No 160.

Psalm 24

Zur Vertiefung: Spieckermann, Heilsgegenwart (siehe zu Psalm 21), 196–208: «Jahwe, der König der Ehren: Ps 24»; Reinhard Müller, Jahwe als Wettergott. Studien zur althebräischen Kultlyrik anhand ausgewählter Psalmen, Berlin 2008, 147–167: «Die Ankunft des Königs und die befestigte Welt: Ps 24».

Quellen: Das Kirtu-Epos KTU 1.14–16 findet sich in KTU^{3} 37–48, und in: Jesús-Luis Cunchillos / Juan-Pablo Vita / José-Ángel Zamora, Ugaritic Data Bank: The Texts, Madrid 2003, 127–174 (UDB 1.14–16). Es wurde übersetzt in TUAT III/6, 1213–1253 (Manfried Dietrich / Oswald Loretz), sowie in TUAT.NF 8, 237–267 (Herbert Niehr). Zitiert ist KTU 1.16 III 12–13. – Die Aufforderung Baʿals an die Götter findet sich KTU 1.2 I 27–28; Übersetzung in TUAT III/6, 1122, und TUAT.NF 8, 197.

Psalm 26

Zur Vertiefung: Ernst Vogt, Psalm 26, ein Pilgergebet, Biblica 43 (1962), 328–337; Thomas Hieke, Psalm 26. Unerträgliche Selbstgerechtigkeit oder verzweifelter Glaube? in: Carmen Diller u. a. (Hg.), Studien zu Psalmen und Propheten, Freiburg / Basel / Wien 2010, 65–78.

Quelle: Das zitierte Unschuldsbekenntnis stammt aus dem 125. Kapitel des ägyptischen Totenbuchs; Übersetzungen finden sich in RTB 89–93 (Hellmut Brunner), und TUAT II/4, 510–518 (Boyo Ockinga).

Psalm 27A

Zur Vertiefung: Friedhelm Hartenstein, Das Angesicht JHWHs. Studien zu seinem höfischen und kultischen Bedeutungshintergrund in den Psalmen und in Exodus 32–34, Tübingen 2008, 99–141.

Quellen: Eine Übersicht der mit *'ôr* «Licht» gebildeten Personennamen findet sich bei Rainer Albertz / Rüdiger Schmitt, Family and Household Religion in Ancient Israel and the Levant, Winona Lake, Ind. 2012, 558. – Die Beschriftung ägyptischer Skarabäen aus der Zeit der 19./20. Dynastie ist zusammengestellt bei Étienne Drioton, Pages d'Égyptologie, Kairo 1957, 117–118; Étienne Drioton, Amon, Refuge du Cœur, Zeitschrift für ägyptische Sprache und Altertumskunde 79 (1954), 3–11, dort 4. Vergleiche auch Hellmut Brunner in RTB, 67–69.

Psalm 27B

Zur Vertiefung: Hartenstein, Das Angesicht JHWHs (siehe zu Psalm 27A), 68–99.

Quellen: Die Aussage Assurbanipals stammt von seinem Prisma B v 45–46, zu finden in RINAP 5 Ashurbanipal 3 http://oracc.org/rinap/Q003702/. – Das Zitat aus der sogenannten Babylonischen Theodizee, Zeile 11, findet sich bei Wilfred G. Lambert, Babylonian Wisdom Literature, Oxford 1960, 70; Übersetzung in TUAT III/1, 147 (Wolfram von Soden).

Psalm 28

Zur Vertiefung: Dieter Böhler, Psalmen 1–50. Übersetzt und ausgelegt (Herders Theologischer Kommentar zum Alten Testament), Freiburg / Basel / Wien 2021, 502–511; Hermann Spieckermann, Psalmen. Band 1: Psalm 1–49. Übersetzt und erklärt, Göttingen 2023, 317–321: «Ruf, Rettung und Jubel».

Quelle: Eine größere Auswahl von akkadischen Handerhebungsgebeten findet sich in SAHG 295–354.

Psalm 29

Zur Vertiefung: Oswald Loretz, Ugarit-Texte und Thronbesteigungspsalmen. Die Metamorphose des Regenspenders Baal-Jahwe (Psalm 24,7–10; 29; 47; 93; 95–100 sowie Ps 77,17–20; 114), Münster 1988, 76–289; Reinhard Müller / Joanna Töyräänvuori, Comparative Approaches on Psalm 29, in: Jutta Jokiranta / Martti Nissinen (Hg.), Changes in Sacred Texts and Traditions. Methodological Encounters and Debates, Atlanta 2023, im Druck.

Quellen: Das Zitat aus Ugarit entstammt dem Ba'al-Zyklus (KTU 1.4 VII 29–32; eigene Übersetzung). Das Gebet an Adad (Adad 1a; eigene Übersetzung) ist ediert von Daniel Schwemer, Die Wettergottgestalten Mesopotamiens und Nordsyriens im Zeitalter der Keilschriftkulturen. Materialien und Studien nach den schriftlichen Quellen, Wiesbaden 2001, 671–673. Die Inschrift vom Karatepe findet sich in KAI als Nr. 26 (III 2–4; eigene Übersetzung). Die Inschrift aus Kition ist KAI[5] 288:3–4 (eigene Übersetzung).

Psalm 30

Zur Vertiefung: Spieckermann, Heilsgegenwart (siehe zu Psalm 21), 253–263: «Der begnadete Mensch: Ps 30»; Hans-Peter Müller, Formgeschichtliche und sprachliche Beobachtungen zu Psalm 30, Zeitschrift für Althebraistik 12 (1999), 192–201.

Psalm 31

Zur Vertiefung: Eberhard Bons, Psalm 31 – Rettung als Paradigma. Eine synchron-leserorientierte Analyse, Frankfurt a. M. 1994; Böhler, Psalmen 1–50 (siehe zu Psalm 28), 548–559.

Psalm 35

Zur Vertiefung: Reinhard Müller, Der unvergleichliche Gott. Zur Umformung einer polytheistischen Redeweise im Alten Testament, in: Christoph Schwöbel (Hg.), Gott – Götter – Götzen. XIV. Europäischer Kongress für Theologie, Leipzig 2013, 304–319; Spieckermann, Psalmen (siehe zu Psalm 28), 370–378: «Die Seele zwischen Verderben und Rettung».

Quelle: Der Hymnus an Sin ist wiedergegeben nach Åke Sjöberg, Der Mondgott Nanna-Suen in der sumerischen Überlieferung. I. Teil: Texte, Stockholm 1960, 46 (Zeilen 25–28); eine weitere Übersetzung gibt es in SAHG 80.

Psalm 36

Zur Vertiefung: Norbert Lohfink, Innenschau und Kosmosmystik. Zu Psalm 36, in: ders., Im Schatten deiner Flügel. Große Bibeltexte neu erschlossen, Freiburg / Basel / Wien 1999, 172–187; Marcel Krusche, Tempeltheologie, Weisheit und die Frevler in Psalm 36 und in verwandten Psalmen, in: Corinna Körting / Reinhard Gregor Kratz (Hg.), Fromme und Frevler. Studien zu Psalmen und Weisheit, Festschrift für Hermann Spieckermann zum 70. Geburtstag, Tübingen 2020, 55–75; Johannes Schnocks, «Die Menschenkinder werden sich im Schatten deiner Flügel bergen» (Ps 36,8). Jüdische und christliche Lektüren von Ps 36, in: Christian Frevel (Hg.), «Mit meinem Gott überspringe ich eine Mauer», Freiburg / Basel / Wien 2020, 307–327.

Quellen: Das ugaritische Baʿal-Epos KTU 1.1–1.6 findet sich in KTU[3] 1–31. Zitiert ist KTU 1.4 VII 49–52 (eigene Übersetzung). Das andere Epos steht auf Tafel KTU 1.22, in KTU[3] 65–67. Zitiert ist KTU 1.22 I 5–26 (eigene Übersetzung); vergleiche auch TUAT III/6, 1312–1314 (Manfried Dietrich / Oswald Loretz).

Abbildung: Die Zeichnung des phönizischen Skarabäus ist entnommen aus: Othmar Keel, Die Geschichte Jerusalems und die Entstehung des Monotheismus, Göttingen 2007, I/300, Abb. 185.

Psalm 41

Zur Vertiefung: Sigmund Mowinckel, Psalmenstudien I. Awän und die individuellen Klagepsalmen, Kristiania 1921, 17–19; Hermann Spieckermann, Psalm 41 und der Erste Davidpsalter, in: Reinhard Müller u. a. (Hg.), Fortgeschriebenes Gotteswort. Studien zur Geschichte, Theologie und Auslegung des Alten Testaments, Tübingen 2020, 329–341.

Quelle: Für das Kirtu-Epos siehe zu Psalm 24.

Psalm 45

Zur Vertiefung: Böhler, Psalmen 1–50 (siehe zu Psalm 28), 814–834; Salo, Königsideologie (siehe zu Psalm 20), 150–204.

Quellen: Die Inschrift des Adad-Nārārī II ist wiedergegeben nach Albert Kirk Grayson, Assyrian Rulers of the Early First Millennium BC I (1114–859 BC) (The Royal inscriptions of Mesopotamia. Assyrian periods [RIMA] 2), Toronto 1991, A.0.99.2 Z. 5–6 (eigene Übersetzung). – Die Beschreibung Gilgameschs findet sich Gilg. I 51, übersetzt von Stefan Maul, Das Gilgamesch-Epos. Neu übersetzt und kommentiert, München 2005, 47. – Der babylonische Mythos von der Erschaffung des Königs VAT 17019 Z. 30–36 ist zitiert nach: Werner R. Mayer, Ein

Mythos von der Erschaffung des Menschen und des Königs, Orientalia 56 (1987), 55–68, dort 57. – Das Gebet aus dem Ritual für die Krönung des Assurbanipal findet sich bei MANFRIED DIETRICH, Das Ritual für die Krönung des Assurbanipal (VAT 13831), in: Klaus Kiesow / Thomas Meurer (Hg.), Textarbeit. Studien zu Texten und ihrer Rezeption aus dem Alten Testament und der Umwelt Israels, Münster 2003, 127–156, dort 131. – Aus dem Kirtu-Epos wird KTU 1.14 VI 25–35 zitiert (eigene Übersetzung).

Psalm 48

Zur Vertiefung: JOSEF SCHARBERT, Das historische Umfeld von Psalm 48, in: Friedrich V. Reiterer (Hg.), Ein Gott, eine Offenbarung: Beiträge zur biblischen Exegese, Theologie und Spiritualität, Würzburg 1991, 291–306; CORINNA KÖRTING, Zion – heiliger Berg, in: Tanja Pilger / Markus Witte (Hg.), Zion: Symbol des Lebens in Judentum und Christentum, Leipzig 2013, 27–41.

Quelle: Der Hymnus auf die Stadt Arbela ist zitiert nach TUAT II/5, 769 (Karl Hecker).

Psalm 54

Zur Vertiefung: FRANK-LOTHAR HOSSFELD, Psalm 54, in: ders. / Erich Zenger, Psalm 51–100 (Herders Theologischer Kommentar zum Alten Testament), Freiburg / Basel / Wien 2000, 87–93.

Quellen: Die Göttin Astarte wird KTU 1.2 I 7–8 «Name des Baʿal» genannt und ihr Name als Waffe gebraucht: KTU[3] 6; TUAT III/6, 1119; TUAT.NF 8, 196. – Der Text der Stele des Königs Mescha von Moab findet sich in KAI Nr. 181. Zitiert sind die Zeilen 4 und 7; Übersetzungen in TUAT I/6, 647 (Hans-Peter Müller) und in HTAT 245 (Nr. 105).

Psalm 57

Zur Vertiefung: BEAT WEBER, «Fest ist mein Herz, o Gott!» Zu Ps 57,8–9, Zeitschrift für die alttestamentliche Wissenschaft 107 (1995), 294–295; REINHARD MÜLLER, Das befestigte Herz. Gott, Welt und Mensch in Ps 57, in: Markus Saur (Hg.), Die kleine Biblia. Theologien der Psalmen und Theologien des Psalters, Neukirchen-Vluyn 2014, 59–82.

Psalm 59

Zur Vertiefung: BERND JANOWSKI, «Schwerter sind auf ihren Lippen» (Ps 59,8) – der angefeindete Mensch, in: ders., Konfliktgespräche mit Gott. Eine Anthropologie der Psalmen, Göttingen [5]2019, 98–133; ERICH

ZENGER, Psalm 59, in: Frank-Lothar Hossfeld / Erich Zenger, Psalmen 51–100 (siehe zu Psalm 54), 140–152.

Quellen: Opfergebet aus Ugarit: KTU 1.119:26–36; Übersetzung: REINHARD MÜLLER / CLEMENS STEINBERGER, «Das Haus, das ich betrete, darfst du nicht betreten!» Zur Konzeption von Raum in den ugaritischen Beschwörungen, in: Reinhard Müller u. a. (Hg.), Rituale und Magie in Ugarit (siehe zu Psalm 20), 37–129, hier 89. – Hethitischer Mythos: u. a. CTH 324.1; Übersetzung: ELISABETH RIEKEN et al., hethiter.net/: CTH 324.1 (INTR 2012-05-10). Erste Version des Telipinu-Mythos, in: dies. et al. (Hrsg.), Mythen der Hethiter. www.hethiter.net/txhet_myth (06.10.2020).

Psalm 63

Zur Vertiefung: OSWALD LORETZ, Die «Sättigung» mit fetter Speise im Heiligtum nach Ps 63,3–6, in: ders., Entstehung des Judentums. Ein Paradigmenwechsel, Münster 2015, 401–403; GERHARD VON RAD, «Gerechtigkeit» und «Leben» in der Kultsprache der Psalmen, in: ders., Gesammelte Studien zum Alten Testament, München 1965, 225–247.

Quellen: Mesopotamische Gebete, hier aus KAR II Nr. 58 Z. 24 und 38 = ERICH EBELING, Die akkadische Gebetsserie «Handerhebung». Von neuem gesammelt und herausgegeben, Berlin 1953, 38–39; Gebet an Amun: Graff. TT Nr. 139 = ALAN H. GARDINER, The Graffito from the Tomb of Pere, Journal of Egyptian Archaeology 14 (1928), 10–11, eigene Übersetzung. – Die Inschrift Asarhaddons ist Ninive A (RINAP 4 Esarhaddon 1 http://oracc.org/rinap/Q003230/) V 6; Übersetzung: RYKLE BORGER, Die Inschriften Asarhaddons, Königs von Assyrien, Graz 1956, 58.

Psalm 65

Zur Vertiefung: MATTHIAS KÖCKERT, Jahwe als Regenspender in Psalm 65, in: Corinna Körting / Reinhard Gregor Kratz (Hg.), Fromme und Frevler (siehe zu Psalm 36), 103–125; SILVIA SCHROER, Psalm 65 – Zeugnis eines integrativen JHWH-Glaubens? Ugarit-Forschungen 22 (1990), 285–301.

Quellen: Das Zitat aus dem Kirtu-Epos findet sich in KTU 1.16 III 7–11 (eigene Übersetzung). – Die Regenbitte an Adad stammt aus dem Gebet «Adad 4», hier zitiert nach SCHWEMER, Wettergottgestalten (siehe zu Psalm 29), 676.

Abbildung: Das Relief des Wettergottes von Aleppo findet sich bei KEEL, Die Geschichte Jerusalems (siehe zu Psalm 36), 382.

Psalm 66

Zur Vertiefung: Frank-Lothar Hossfeld, Psalm 66, in: ders. / Erich Zenger, Psalmen 51–100 (siehe zu Psalm 54), 220–228.

Psalm 70

Zur Vertiefung: Notger Füglister, «Die Hoffnung der Armen ist nicht für immer verloren.» Psalm 9/10 und die sozio-religiöse Situation der nachexilischen Gemeinde, in: Georg Braulik (Hg.), Biblische Theologie und gesellschaftlicher Wandel. Festschrift für Norbert Lohfink, Freiburg / Basel / Wien 1993, 101–124.

Psalm 72

Zur Vertiefung: Martin Arneth, «Sonne der Gerechtigkeit». Studien zur Solarisierung der Jahwe-Religion im Lichte von Psalm 72, Wiesbaden 2000; Erich Zenger, «Es sollen sich niederwerfen vor ihm alle Könige» (Ps 72,11). Redaktionsgeschichtliche Beobachtungen zu Psalm 72 und zum Programm des messianischen Psalters Ps 2–89, in: ders. / Eckart Otto (Hg.): «Mein Sohn bist du» (Ps 2,7). Studien zu den Königspsalmen, Stuttgart 2002, 66–93.

Quellen: Die Zeilen IV 14–24 aus dem Prolog des Codex Hammurapi finden sich in TUAT I/1, 44 (Rykle Borger). – Der Krönungshymnus aus Ugarit (und Emar) wurde transkribiert und übersetzt von Dietrich, *buluṭ bēlī* (siehe zu Psalm 20), 158. – Das mittelassyrische Königsritual für Tukultī-Ninurta I. (1233–1197) wurde ediert von Karl Friedrich Müller, Das assyrische Ritual. Teil 1. Texte zum assyrischen Königsritual, Leipzig 1937; zitiert sind die Zeilen 30–31 (Seite 12f.). – Dietrich, Ritual (siehe zu Psalm 45), 130, bietet das zitierte Einleitungsgebet (Zeilen 1–2). – Die Bauinschrift vom Karatepe für König Azitawada findet sich in KAI Nr. 26, daraus IV 1–3. Jüngste Bearbeitung: Herbert Niehr, Die phönizische Inschrift des Regenten Azitawada auf der Statue des Wettergottes vom Karatepe-Aslantaş als Dokument der Königsideologie, in: Dagmar Hofmann u. a. (Hg.), Religion und Epigraphik. Kleinasien, der griechische Osten und die Mittelmeerwelt. Festschrift Walter Ameling, Bonn 2023, 173–202.

Psalm 77

Zur Vertiefung: Yitsḥaḳ Avishur, Studies in Hebrew and Ugaritic Psalms, Jerusalem 1994, 222–228; Beat Weber, Psalm 77 und sein Umfeld, Weinheim 1995.

Quellen: Das Epitheton *kābisu tâmti* «der das Meer niedertritt» des Gottes

Adad wird nachgewiesen bei SCHWEMER, Wettergottgestalten (siehe zu Psalm 29), 709. – Das Epitheton des Gottes Baʿal als «Wagenfahrer der Wolken» findet sich KTU 1.2 IV 8 und öfter. – Die Schlacht bei Qarqar wird auf der sog. Kurkh-Stele beschrieben. Sie ist übersetzt in TUAT I/4, 361 (Rykle Borger), und in HTAT Nr. 106.

Psalm 93

Zur Vertiefung: BERND JANOWSKI, Das Königtum Gottes in den Psalmen, in: ders., Gottes Gegenwart in Israel. Beiträge zur Theologie des Alten Testaments, Neukirchen-Vluyn 1993, 148–213, 334–335; MÜLLER, Jahwe als Wettergott (siehe zu Psalm 24), 64–85: «Triumphlied und Hymnus zur Thronbesteigung: Ps 93»; ECKART OTTO, Krieg und Frieden in der Hebräischen Bibel und im Alten Orient. Aspekte für eine Friedensordnung der Moderne, Stuttgart u. a. 1999, 109–112.

Quellen: Der Beiname des Meeresgottes «Herrscher Strom», das Attribut «mächtig» (*ʾaddîr*), die Wendung «für die Länge der Tage» und der Name *Baʿalmalak* werden nachgewiesen bei MÜLLER, Jahwe als Wettergott (siehe oben). Der Name *Qausmalak* ist in einer Inschrift des assyrischen Königs Tiglatpileser III. belegt (K 3751, s. HTAT Nr. 140).

Psalm 97

Zur Vertiefung: MÜLLER, Jahwe als Wettergott (siehe zu Psalm 24), 86–102: «Gewittertheophanie und Thronbesteigung: Ps 97»; CHRISTOPH LEVIN, Das Königsritual in Israel und Juda, in: ders. / Reinhard Müller (Hg.), Herrschaftslegitimation in vorderorientalischen Reichen der Eisenzeit, Tübingen 2017, 231–260.

Quellen: Das Epitheton des Baʿal «Fürst, Herr der Erde» (*zubbulu Baʿlu ʾarṣi*) findet sich in KTU[3] 1.3 I 3 und öfter. – Das Amulett aus *Arslan Tasch* ist in KAI als Nr. 27 veröffentlicht (Zeilen 14–15). – Die Ritzinschrift von der *Ḫirbet Bēt Layy* findet sich in JOHANNES RENZ, Die althebräischen Inschriften. Teil 1: Text und Kommentar (Handbuch der althebräischen Epigraphik I), Darmstadt 1995, 245–246 (BLay[7]:1).

Psalm 98

Zur Vertiefung: JÖRG JEREMIAS, Das Königtum Gottes in den Psalmen. Israels Begegnung mit dem kanaanäischen Mythos in den Jahwe-König-Psalmen, Göttingen 1987, 121–136: «Der Umkreis der deuterojesajanischen Theologie»; MÜLLER, Jahwe als Wettergott (siehe zu Psalm 24), 168–180: «Der Königsjubel der Welt: Ps 98,4–9».

Psalm 101

Zur Vertiefung: Oswald Loretz, Die Königspsalmen. Die altorientalisch-kanaanäische Königstradition in jüdischer Sicht. Teil 1, Münster 1988, 141–176; Markus Saur, Die Königspsalmen. Studien zur Entstehung und Theologie, Berlin / New York 2004, 186–204.

Quelle: Das sogenannte negative Sündenbekenntnis ist wiedergegeben nach Claus Ambos, Rituale der Herrschaftslegitimation babylonischer und assyrischer Könige, in: Christoph Levin / Reinhard Müller (Hg.), Herrschaftslegitimation (siehe zu Psalm 97), 67–76, dort 72–73.

Psalm 104

Zur Vertiefung: Spieckermann, Heilsgegenwart (siehe zu Psalm 21), 21–49; Matthias Köckert, Literargeschichtliche und religionsgeschichtliche Beobachtungen zu Ps 104, in: Reinhard G. Kratz u. a. (Hg.), Schriftauslegung in der Schrift, Berlin / New York 2000, 259–280.

Quellen: Der ugaritische Lobpreis des Baʿal entstammt dem Kirtu-Epos (KTU^3 1.16 III 7–8; eigene Übersetzung). Die zitierten Epitheta des Adad werden nachgewiesen bei Schwemer, Wettergottgestalten (siehe zu Psalm 29), 710–711. Der Lobpreis auf Amun-Re entstammt einem Hymnus aus dem Grab des Hohenpriesters Nebwenenref (13. Jahrhundert v. Chr.) aus Theben und ist zitiert nach ÄHG Nr. 100. Der große Sonnenhymnus des Echnaton ist ediert bei May Sandman, Texts from the time of Akhenaten, Brüssel 1938 (eigene Übersetzung).

Psalm 118

Zur Vertiefung: Frank Crüsemann, Studien zur Formgeschichte von Hymnus und Danklied in Israel, Neukirchen-Vluyn 1969, 217–223; Judith Gärtner, «Was können mir Menschen tun?» (Ps 118,6). Zur theologischen und redaktionskritischen Vielschichtigkeit der Rettungsschilderungen in Ps 118, in: Johannes Schnocks (Hg.), «Wer lässt uns Gutes sehen?» (Ps 4,7). Internationale Studien zu Klagen in den Psalmen, Freiburg / Basel / Wien 2016, 338–359.

Quellen: Die Waffen des Baʿal sind KTU^3 1.2 IV 11–25 genannt; Übersetzung in TUAT III/6, 1131–1133 (Manfried Dietrich / Oswald Loretz) und TUAT.NF 8, 201 (Herbert Niehr). – Die Votivstele aus Taima wurde publiziert von Klaus Beyer / Alasdair Livingstone, Eine neue reichsaramäische Inschrift aus Taima, Zeitschrift der Deutschen Morgenländischen Gesellschaft 140 (1990), 1–2. – Die Äußerung des Königs Mescha von Moab findet sich auf seiner Stele in Zeile 4 (KAI Nr. 181); die Übersetzung folgt HTAT 245.

AUS DEM VERLAGSPROGRAMM

GESCHICHTE DER BIBEL

Konrad Schmid, Jens Schröter
Die Entstehung der Bibel
Von den ersten Texten zu den heiligen Schriften
2022. 504 Seiten mit 48 Abbildungen und 4 Karten. Broschiert
Beck Paperback Band 6245

Konrad Schmid
Die Bibel
Entstehung, Geschichte, Auslegung
2021. 128 Seiten mit 3 Abbildungen und 2 Karten. Broschiert
C.H.Beck Wissen Band 2928

Christoph Levin
Das Alte Testament
5., überarbeitete Auflage. 2018. 128 Seiten. Broschiert
C.H.Beck Wissen Band 2160

Gerd Theißen
Das Neue Testament
5., aktualisierte Auflage. 2015. 128 Seiten. Broschiert
C.H.Beck Wissen Band 2192

Matthias Köckert
Die Zehn Gebote
2., durchgesehene Auflage. 2013. 128 Seiten mit 4 Abbildungen
Broschiert
C.H.Beck Wissen Band 2430

GESCHICHTE DES ALTEN ORIENTS

Stefan M. Maul
Das Gilgamesch-Epos
Neu übersetzt und kommentiert von Stefan M. Maul
8. Auflage. 2020. 192 Seiten mit 13 Abbildungen. Leinen

Adrian C. Heinrich
Der babylonische Weltschöpfungsmythos Enuma Elisch
Illustriert von Felix Wolter
2022. 173 Seiten mit 8 Zeichnungen. Leinen

Karen Radner
Mesopotamien
Die frühen Hochkulturen an Euphrat und Tigris
2017. 128 Seiten mit 10 Abbildungen und 1 Karte. Broschiert
C.H.Beck Wissen Band 2877

Manfred Krebernik
Götter und Mythen des Alten Orients
2., durchgesehene und aktualisierte Auflage. 2019
128 Seiten mit 4 Abbildungen und 2 Karten. Broschiert
C.H.Beck Wissen Band 2708

Walther Sallaberger
Das Gilgamesch-Epos
Mythos, Werk und Tradition
3., aktualisierte Auflage. 2024. 128 Seiten mit 1 Karte. Broschiert
C.H.Beck Wissen Band 2443

JÜDISCHE GESCHICHTE

Michael Brenner
Kleine jüdische Geschichte
3., aktualisierte Auflage. 2022
374 Seiten mit 20 Abbildungen und 5 Karten. Broschiert
Beck Paperback Band 1994

Reinhard G. Kratz
Qumran
Die Schriftrollen vom Toten Meer
und die Entstehung des biblischen Judentums
2022. 320 Seiten mit 29 Abbildungen,
davon 16 auf Farbtafeln, und 2 Karten. Gebunden

Peter Schäfer
Historische Bibliothek der Gerda Henkel Stiftung
Das aschkenasische Judentum
Herkunft, Blüte, Weg nach Osten
2024. 560 Seiten mit 60 Abbildungen,
davon 37 in Farbe, und 3 Karten. Leinen

Peter Schäfer
Zwei Götter im Himmel
Gottesvorstellungen in der jüdischen Antike
2017. 200 Seiten. Gebunden

Bernd U. Schipper
Geschichte Israels in der Antike
2., überarbeitete Auflage. 2023
128 Seiten mit 4 Karten und 2 Abbildungen. Broschiert
C.H.Beck Wissen Band 2887